ESTA GUÍA PERTENECE A:

Materiales de Bruce Bugbee.

«La Red», con Don Cousins.

Lo que haces mejor en el cuerpo de Cristo.

Descubre tus dones espirituales a la manera de «La Red».

UN RECURSO PARA MINISTERIOS

La Red

GUÍA DEL PARTICIPANTE

La gente correcta, en el lugar correcto, por la razón correcta, en el tiempo correcto.

bruce bugbee y don cousins

con wendy seidman

Vida®

La misión de Editorial Vida es proporcionar los recursos necesarios a fin de alcanzar a las personas para Jesucristo y ayudarlas a crecer en su fe.

LA RED – GUÍA DEL PARTICIPANTE
Edición en español publicada por
Editorial Vida - 2007
Miami, Florida

Publicado en inglés con el título:
Network Participant's Guide-Revised
por The Zondervan Corporation

Traducción y edición: *Translator Solutions, Inc.*
Adaptación interior y de cubierta: *Grupo Nivel Uno, Inc.*

ISBN-10: 0-8297-3711-1
ISBN-13: 978-0-8297-3711-0

Categoría: RELIGIÓN / Estudio bíblico / Guía de estudio bíblico

Impreso en Estados Unidos de América
Printed in the United States of America

07 08 09 10 ❖ 9 8 7 6 5 4 3 2 1

A mis cuatro hijos,
Brittany, Brianne, Bronwyn y Todd
y a sus sendos hijos.

Contenido

Prólogo

La huella digital de Dios está en cada uno de nosotros desde el momento en que nacimos. A través del poder de tu propia historia personal, esta edición revisada de *La Red*, te guía por un maravilloso viaje, ayudándote a descubrir tus dones espirituales, tu estilo y tu pasión. *La Red* es un proceso integral de descubrimiento que ayuda a cada creyente a encontrar su única y especial contribución en el ministerio.

Ganador del Medallón de Oro, *La Red*, creado por Bruce Bugbee, Don Cousins y Bill Hybels, de la Iglesia Comunitaria de Willow Creek, ha ayudado a miles de personas a descubrir sus dones.

Bruce Bugbee ha respondido fielmente al llamado que Dios le ha hecho, llevando a cabo un ministerio basado en la enseñanza de los dones durante los últimos dieciocho años. *La Red*, refleja su deseo de servir y ayudar a crecer al pueblo de Dios, así como también el de hacer accesibles estas sobresalientes y simples herramientas, a todos aquellos que deseen enseñarlas a otros.

Te insto a que transites por esta senda de descubrimientos. Puedo dar testimonio del hecho de que aprender y reclamar tu identidad única en Cristo, a través de *La Red*, es realmente transformador.

Sue Mallory
Directora ejecutiva de conexión del liderazgo
Autora de *La iglesia integral*

Reconocimientos

Esta es la tercera edición de *La Red*. Con cada revisión importante, el círculo de colaboradores en el proceso de *La Red* se expande. En consecuencia, *La Red* continúa desarrollándose e impactando a aquellos que buscan servir de acuerdo al fin para el que Dios los creó y llamó.

La Asociación Willow Creek y Zondervan se han comprometido a edificar comunidades bíblicas efectivas, a través de iglesias vigorosas que están equipando al pueblo de Dios para servir con sus dones espirituales. Su visión es el fundamento de esta última edición de *La Red*. Juntos, continuaremos sirviendo a una iglesia que prevalece.

Quisiera agradecer a Bill Hybels, pastor principal de la Iglesia Comunitaria de Willow Creek, por su rol decisivo en la creación del presente recurso en su formato original. Él siempre ha sido un ferviente defensor del principio de que toda iglesia debería ser una comunidad unida de siervos que ejercen la mayordomía de sus dones espirituales.

Una vez más tuve el privilegio de trabajar con Wendy Seidman con quien repensé y reformé esta última edición de *La Red*. Nuestra experiencia es un testimonio de las palabras: «El hierro se afila con el hierro» (Proverbios 27:17). Dios ha forjado una afilada herramienta para el Reino, destinada a animar y apoyar a las iglesias que prevalecen.

Bette Holderman nos ha alentado mucho y nos ha dado apoyo en temas de oficina, a fin de poder armar este proyecto. Ella ha sido miembro del equipo por mucho tiempo, habiendo servido fielmente y con gracia a personas, pastores e iglesias alrededor del mundo.

Ha sido un gozo servir con Nancy Raney, quien supervisó el proyecto, haciendo todo lo necesario para mantenernos encausados en el trabajo y coordinando las múltiples facetas de este proyecto.

Agradezco a mi esposa, Wendy, por el apoyo que me dio durante los muchos meses que me tomó escribir este material. Su sacrificio y apoyo me han servido no solo a mí, sino también a ti y a la iglesia.

Y ahora, al más grande de todos los contribuyentes, Jesucristo, la Cabeza de la iglesia, le doy gracias por haberme llamado a un ministerio como este. Soy un hombre bendecido por el privilegio de poder ministrar a aquellos que están buscando servir y equipar a los que sirven.

UN RECURSO PARA MINISTERIOS

La red

GUÍA DEL PARTICIPANTE revisado

Introducción

La iglesia te necesita. No porque necesite llenar una serie de posiciones dentro de una organización, sino porque TÚ eres una parte importante e integral del cuerpo de Cristo. Tienes una contribución significativa que hacer. Tienes un ministerio en la iglesia y una misión en el mundo.

Mi experiencia personal con los dones espirituales comenzó en 1969. A través de los años, he tenido muchos mentores, experiencias y oportunidades para crecer y desarrollarme. Aún estoy aprendiendo. Mi llamado me ha dado también la oportunidad de ser líder y mentor de otros.

Desde la creación de *La Red*, en 1986, más de un millón de personas han renovado sus energías para aplicarlas tanto en sus iglesias locales como en sus ministerios personales. *La Red* se usa en iglesias locales e internacionales, con recursos en doce idiomas diferentes.

Mi llamado y compromiso consisten en brindar apoyo a las iglesias locales que están buscando prevalecer como tales. Las iglesias más sanas son las que funcionan sobre la base de equipos ministeriales compuestos por personas que conocen y han desarrollado sus dones. Son aquellas que poseen un sistema intencionalmente diseñado para el descubrimiento personal y la conexión ministerial.

Aunque *La Red* ha tenido una amplia y exitosa aceptación a través de los años, nos pareció que había llegado el tiempo de hacer algunos ajustes. Esta revisión de *La Red*, aplica algunos de nuestros últimos hallazgos, ofreciéndolos en formatos más efectivos.

Así que, ¡bienvenido a esta versión revisada de *La Red*! *Esta* te ayudará a incrementar tu poder espiritual y a canalizarlo a través de tu iglesia local.

Poner en práctica ministerios basados en los dones dados a cada miembro, no es una opción. Es bíblico. Es el *sistema operativo* de Dios para su iglesia. Divisa la meta, disfruta del proceso y equípate. ¡Sirve diligentemente, cumpliendo el fin para el que has sido creado y llamado; entonces, glorificarás a Dios y edificarás a otros!

Bruce Bugbee
Network Ministries International
Ladera Ranch, California
www.networkministries.com

«Imagina una Iglesia . . .»

sesión 1

Mi Padre es glorificado cuando ustedes dan mucho fruto y muestran así que son mis discípulos.

Juan 15:8 (NVI)

Les he dicho esto para que tengan mi alegría y así su alegría sea completa.

Juan 15:11 (NVI)

GRUPOS: IMAGINA UNA IGLESIA . . .

Instrucciones

1. Hagan grupos de a tres.

2. Preséntate al grupo.

3. Plantear individualmente las expectativas que tienen para esta sesión.

META DE *LA RED*

La meta de *La Red* es ayudarnos a ser fructíferos y completos al ocupar un lugar de servicio significativo.

> *Les hablo así, hermanos, porque ustedes han sido llamados a ser libres; pero no se valgan de esa libertad para dar rienda suelta a sus pasiones. Más bien **sírvanse unos a otros con amor.***
>
> Gálatas 5:13 (NVI)

Servir no es opcional... ¡es un asunto de __________!

La Red te ayudará a entender mejor...

- Cómo ser la persona que Dios planeó que fueras cuando él te creó.
- Que cuando realizas tu aporte único y singular al Reino, estás marcando una diferencia con efectos eternos.

La Red, toma las piezas que ya tienes y las usa para armar un marco que te ayuda a ver la imagen completa que Dios ha planeado dibujar en tu vida.

EL PROCESO DE *La Red*

PRIMER PASO: *Descubrir*

Aprenderás más acerca del *perfil de siervo* que Dios te ha dado.

SEGUNDO PASO: *Adiestramiento.*

Un entrenador te asistirá para que encuentres un lugar significativo de servicio, de acuerdo a tu *perfil de siervo.*

TERCER PASO: ______________________

La meta es tener un ministerio significativo.

DE TODOS MODOS ¿POR QUÉ SERVIMOS A OTROS?

Servimos porque la Biblia nos da una doble razón. Porque debemos:

- Glorificar a Dios.
- Edificar a otros.

Hay dos pasajes clave

1. Los diez mandamientos (Éxodo 20: 1-17)

    1. No tener otros dioses
    2. No adorar ídolos
    3. No tomar el nombre de Dios en vano
    4. Guardar el día de reposo.

Estos cuatro se enfocan en «________________» y en cómo debemos amarle.

5. Honrar a los padres
6. No matar
7. No cometer adulterio
8. No robar
9. No dar falso testimonio
10. No codiciar

Estos seis se enfocan en «________________________» y en cómo vamos a amarlos.

2. El gran mandamiento (Mateo 22:37-40)

> *—«Ama al Señor tu Dios con todo tu corazón, con todo tu ser y con toda tu mente»—le respondió Jesús—. Éste es el primero y el más importante de los mandamientos. El segundo se parece a éste: «Ama a tu prójimo como a ti mismo.» De estos dos mandamientos dependen toda la ley y los profetas. Así será en la venida del Hijo del hombre.*

En estos pasajes del Nuevo y Antiguo Testamento, vemos este doble énfasis bíblico. Debemos

- amar o glorificar a Dios y
- amar o edificar a otros.

Primero, nuestro servicio glorifica a Dios porque es una forma de adoración:

> *Por lo tanto, hermanos, tomando en cuenta la misericordia de Dios, les ruego que cada uno de ustedes, en* ***adoración espiritual,*** *ofrezca su cuerpo como sacrificio vivo, santo y agradable a Dios.*
>
> Romanos 12:1

> *El que habla, hágalo como quien expresa las palabras mismas de Dios;* ***el que presta algún servicio, hágalo como quien tiene el poder de Dios.*** *Así Dios será en todo alabado por medio de Jesucristo, a quien sea la gloria y el poder por los siglos de los siglos. Amén.*
>
> 1 Pedro 4:11

Nuestro servicio edifica a otros

> *Él mismo constituyó a unos, apóstoles; a otros, profetas; a otros, evangelistas; y a otros, pastores y maestros, a fin de capacitar al pueblo de Dios para la obra de servicio,* ***para edificar el cuerpo de Cristo****.*
>
> Efesios 4:11–12

LA MAYOR PRUEBA DE NUESTRO SERVICIO

Cuando servimos, ¿glorificamos a Dios y edificamos a otros?

CÓMO VAMOS A SERVIR

EL PERFIL DE SIERVO		
LOS DONES ESPIRITUALES indican:	**QUÉ** haces mejor	¡Serás **COMPETENTE!**
EL ESTILO PERSONAL indica:	**CÓMO** sirves mejor	¡Tendrás **CONFIANZA!**
LA PASIÓN MINISTERIAL indica:	**DÓNDE** sirves mejor	¡Estarás **MOTIVADO!**

¡No hay...

dones buenos y dones malos

estilos correctos y estilos equivocados

pasiones correctas y pasiones equivocadas!

¡Puedes tener...

cualquier don espiritual, con

cualquier estilo personal, con

cualquier pasión ministerial!

EL PERFIL DE SIERVO: LOS DONES ESPIRITUALES.

Hay tres verdades sobre los dones espirituales:

1. Dios es quien los da.

2. No hay dones espirituales correctos o equivocados. Sólo son diferentes.

3. Los dones espirituales responden a la pregunta «_______». ¿Qué debería hacer al servir?

DESCRIPCIÓN DE LOS DONES ESPIRITUALES.

Los dones espirituales son habilidades especiales dadas por el Espíritu Santo, distribuidas a cada creyente de acuerdo con la gracia y la voluntad de Dios, para el bien común del cuerpo de Cristo.

Los dones espirituales son habilidades especiales.

- Son dotes divinos.
- Se usan con fines espirituales.
- Son tareas o funciones.
- Nos capacitan para servir significativamente.

Miremos lo que dice 1 Corintios 12:8-10. Basados en este pasaje, ¿quién da los dones?

> *A unos Dios les da por el Espíritu palabra de sabiduría; a otros, por el mismo Espíritu, palabra de conocimiento; a otros, fe por medio del mismo Espíritu; a otros, y por ese mismo Espíritu, dones para sanar enfermos; a otros, poderes milagrosos; a otros, profecía... (etc.)*
>
> 1 Corintios 12:8–10

Los dones son dados por el ________________________.

- Dios da estos dones a sus hijos.
- Cada creyente tiene al menos un don espiritual.
- No los ganamos ni los elegimos.
- Sin el Espíritu Santo, no hay dones espirituales.

Dios da estos dones a sus hijos, los creyentes.
En consecuencia, los no creyentes no tienen dones espirituales.

Los dones espirituales son distribuidos a cada creyente de acuerdo a la gracia y la voluntad de Dios.

- Nos muestran cómo podemos hacer nuestra contribución única.
- Nos revelan una parte de la voluntad de Dios para nuestras vidas.
- Confirman que cada creyente tiene un lugar de servicio.
- Se nos dan para ministrar con poder y propósito.

Cada uno ponga al servicio de los demás el don que haya recibido, administrando fielmente la gracia de Dios en sus diversas formas.

1 Pedro 4:10

A cada uno se le da una manifestación especial del Espíritu para el bien de los demás.

1 Corintios 12:7

Los dones espirituales son para servir a los demás... para el ______________________ del cuerpo de Cristo.

- Mis dones no son para mí, son para beneficiar a otros (a través de beneficiar a otros, tú también te beneficias).
- Los dones son dados para edificar a otros creyentes.
- Nos ayudan a servirnos mejor mutuamente.
- Dan poder a los creyentes para expandir el reino de Dios.

¡Tu don espiritual no es para ti; se te ha dado para el bien de los demás!

Dios ha seleccionado cuidadosamente el/los don(es) espiritual(es) de cada creyente.

A cada uno se le da una manifestación especial del Espíritu para el bien de los demás.

1 Corintios 12:7

Todo esto lo hace un mismo y único Espíritu, quien reparte ***a cada uno según él lo determina.***

1 Corintios 12:11

En realidad, Dios colocó ***cada miembro*** *del cuerpo* ***como mejor le pareció.***

1 Corintios 12:18

Reflexión:

SINGULARIDAD, UNIDAD, Y DIVERSIDAD.

Nuestros dones espirituales han sido diseñados específicamente para nosotros, de modo que nos hacen seres especiales y únicos.

Tenemos dones diferentes, según la gracia que se nos ha dado.

Romanos 12:6

La diversidad no es ____________________.

Lo cierto es que hay muchos miembros, pero el cuerpo es uno solo. El ojo no puede decirle a la mano: «No te necesito»... Ni puede la cabeza decirles a los pies: «No los necesito»... a fin de que no haya división en el cuerpo, sino que sus miembros se preocupen por igual unos por otros. Si uno de los miembros sufre, los demás comparten su sufrimiento; y si uno de ellos recibe honor, los demás se alegran con él.

1 Corintios 12:20–21, 25–26

La diversidad de estas manifestaciones es simplemente un reflejo de lo que Dios es.

Ahora bien, hay diversos dones, pero un mismo Espíritu. Hay diversas maneras de servir, pero un mismo Señor. Hay diversas funciones, pero es un mismo Dios el que hace todas las cosas en todos.

1 Corintios 12:4–6

Pero así como la diversidad no quiere decir «división», la unidad no implica uniformidad.

> *¿Son todos apóstoles? ¿Son todos profetas? ¿Son todos maestros? ¿Hacen todos milagros? ¿Tienen todos dones para sanar enfermos? ¿Hablan todos en lenguas? ¿Acaso interpretan todos?*
>
> 1 Corintios 12:29–30

> *Si todo el cuerpo fuera ojo, ¿qué sería del oído? Si todo el cuerpo fuera oído, ¿qué sería del olfato? En realidad, Dios colocó cada miembro del cuerpo como mejor le pareció. Si todos ellos fueran un solo miembro, ¿qué sería del cuerpo? Lo cierto es que hay muchos miembros, pero el cuerpo es uno solo.*
>
> 1 Corintios 12:17–20

La unidad no se logra siendo todos iguales.

La unidad se logra teniendo un mismo ___________ glorificar a Dios y edificar a otros.

INTERDEPENDENCIA

SUMARIO

- La meta de *La Red* es ayudar a los creyentes a dar fruto, ocupando un lugar de servicio significativo.
- Servimos para glorificar a Dios y edificar a otros.
- Debemos servir de acuerdo a nuestro «perfil de siervo».
- El «perfil de siervo» identifica:

  Nuestros dones espirituales... lo cual responde a la pregunta «qué».

  Nuestro estilo personal... lo cual responde a la pregunta «cómo».

  Nuestra pasión ministerial... lo cual responde a la pregunta «dónde».

- Los dones espirituales son habilidades especiales dadas por el Espíritu Santo y distribuidas a cada creyente de acuerdo a la voluntad y gracia de Dios, para el bien común del cuerpo de Cristo.

RECOMENDACIÓN: Los participantes se beneficiarán si leen *«Cuál es tu lugar en el cuerpo de Cristo»*, de Bruce Bugbee, juntamente con estas sesiones de descubrimiento el libro incluye ideas adicionales, preguntas, y sugerencias para la reflexión personal.

«El propósito de los dones»

sesión 2

También nosotros, siendo muchos, formamos un solo cuerpo en Cristo, y cada miembro está unido a todos los demás.

Romanos 12:5 (NVI)

A cada uno se le da una manifestación especial del Espíritu para el bien de los demás.

1 Corintios 12:7 (NVI)

DEPENDENCIA / INDEPENDENCIA / INTERDEPENDENCIA

Todos nosotros comenzamos teniendo relaciones de *dependencia*.

Dependencia significa:

- *Necesitar el apoyo de otros para satisfacer mis necesidades*
- *Ser incapaz o no estar dispuesto a proveer para mí mismo*
- *Apoyarme en la ayuda de otros para mi sustento.*

Algunas personas se vuelven *independientes.*

Culturalmente, equiparamos la ________________ con la independencia.

Independencia significa:

- *No necesitar el apoyo de otros para satisfacer mis necesidades*
- *Ser capaz o estar dispuesto a proveer para mí mismo.*
- *Ser libre de la influencia, guía y control de otros.*

Dios nos llama a ser interdependientes y a tener relaciones personales *interdependientes.*

Interdependencia significa:

- *Comprometer lo que somos y tenemos para servir a otros.*
- *Saber lo que podemos ofrecer a otros y lo que necesitamos de otros.*
- *Disfrutar de la operación al unísono de los diversos dones (dependencia mutua)*

Las relaciones interdependientes reflejan el diseño de Dios para la Iglesia.

También nosotros, siendo muchos, formamos un solo cuerpo en Cristo, y cada miembro está unido a todos los demás.

Romanos 12:5

Ahora bien, ustedes son el cuerpo de Cristo, y cada uno es miembro de ese cuerpo.

1 Corintios 12:27

Cuando todos hagamos aquello para lo que fuimos creados...
y lo hagamos juntos...
seremos una iglesia saludable, interdependiente
y armoniosa.

LOS GRUPOS: INCREMENTAN NUESTRA INTERDEPENDENCIA

Instruccciones

1. Pónganse en grupos de a tres.
2. Expresen en su grupo qué les está impidiendo ser más interdependientes.
3. Identifiquen un paso que podrían dar para llegar a ser más interdependientes.
4. Escriban sus respuestas en el espacio provisto

Qué me impide ser más interdependiente:

Paso(s) a dar:

UNA LISTA DE DONES ESPIRITUALES

Instrucciones

Haremos esto juntos

1. Lee cada pasaje de la Escritura y a medida que se identifique cada don espiritual, escríbelo en el espacio provisto.
2. Unos pocos dones espirituales sólo son mencionados una vez. Sólo escribiremos el don espiritual la primera vez que lo veamos pues lo que buscamos es hacer una lista de los mismos.

PASAJE DE LA ESCRITURA	DONES MENCIONADOS
1 Corintios 12:8–10 *A unos Dios les da por el Espíritu palabra de* ***SABIDURÍA****; a otros, por el mismo Espíritu, palabra de* ***CONOCIMIENTO****; a otros,* ***FE*** *por medio del mismo Espíritu; a otros, y por ese mismo Espíritu, dones para sanar* ***[SANIDAD]*** *enfermos; a otros,* ***PODERES MILAGROSOS****; a otros,* ***PROFECÍA****; a otros, el discernir espíritus* ***[DISCERNIMIENTO]****; a otros, el hablar en diversas* ***LENGUAS****; y a otros, el* ***INTERPRETAR*** *lenguas.*	**1.** __________ **2.** __________ **3.** __________ **4.** __________ **5.** __________ **6.** __________ **7.** __________ **8.** __________ **9.** __________

PASAJE DE LA ESCRITURA	DONES MENCIONADOS
1 Corintios 12:28 *En la iglesia Dios ha puesto, en primer lugar, apóstoles **[APOSTOLADO]**; en segundo lugar, profetas; en tercer lugar, maestros **[ENSEÑANZA]**; luego los que hacen milagros; después los que tienen dones para sanar enfermos, los que **AYUDAN** a otros, los que **ADMINISTRAN** y los que hablan en diversas lenguas.*	10. ____________ 11. ____________ 12. ____________ 13. ____________
Romanos 12:6–8 *Tenemos dones diferentes, según la gracia que se nos ha dado. Si el don de alguien es el de profecía, que lo use en proporción con su fe; si es el de prestar un servicio, que lo preste; si es el de enseñar, que enseñe; si es el de **ANIMAR** a otros, que los anime; si es el de socorrer a los necesitados, que dé **[DAR]** con generosidad; si es el de dirigir**[LIDERAZGO]**, que dirija con esmero; si es el de mostrar compasión **[MISERICORDIA]**, que lo haga con alegría.*	14. ____________ 15. ____________ 16. ____________ 17. ____________
Efesios 4:11 *Él mismo constituyó a unos, apóstoles; a otros, profetas; a otros, evangelistas **[EVANGELISMO]**; y a otros, pastores **[PASTOR]** y maestros.*	18. ____________ 19. ____________

Al mirar en estos cuatro pasajes, puedes ver claramente algunos de los dones espirituales. También puedes ver que estas listas no son idénticas. Varían tanto en orden como en contenido. Estas listas se usan más como un ejemplo ilustrativo de los dones que como una lista definitiva de los mismos. Los dones espirituales:

- Están basados en la Escritura
- Son claramente evidentes en la vida de la iglesia local
- Están afirmados en las vidas de cada creyente
- Son consistentes con la descripción bíblica de lo que es un don.

PASAJE DE LA ESCRITURA	DONES MENCIONADOS
1 Pedro 4:9–10 *Practiquen la* ***HOSPITALIDAD*** *entre ustedes sin quejarse. Cada uno ponga al servicio de los demás el don que haya recibido, administrando fielmente la gracia de Dios en sus diversas formas.*	**20.** ________________
Éxodo 31:3-5 *… y lo he llenado del Espíritu de Dios, de sabiduría, inteligencia y capacidad creativa para hacer trabajos artísticos en oro, plata y bronce, para cortar y engastar piedras preciosas, para hacer tallados en madera y para realizar toda clase de* ***ARTESANÍAS****.*	**21.** ________________
1 Timoteo 2:1–2 *Así que recomiendo, ante todo, que se hagan plegarias, oraciones, súplicas* ***[INTERCESIÓN]*** *y acciones de gracias por todos, especialmente por los gobernantes y por todas las autoridades para que tengamos paz y tranquilidad, y llevemos una vida piadosa y digna.*	**22.** ________________
Salmos 150:3–5 *Alábenlo con sonido de trompeta, alábenlo con el arpa y la lira, alábenlo con panderos y danzas, alábenlo con cuerdas y flautas, alábenlo con címbalos sonoros, alábenlo con címbalos resonantes.* ***[COMUNICACIÓN CREATIVA]****.*	**23.** ________________

Algunas iglesias reconocen otros posibles dones que no están descriptos ni mencionados en *La Red*, tales como celibato, consejería, liberación, martirio y pobreza voluntaria.

> *Un principio guía para determinar qué es un don espiritual consiste en mirar la vida y el ministerio de Jesucristo.*

GRUPOS: CORRESPONDENCIAS

Instrucciones

1. Regresen a sus grupos.
2. Que una persona lea en voz alta la descripción de un don y que las demás sigan la lectura en silencio.
3. Hagan la correspondencia entre cada don y su descripción.
4. Escriban la letra de descripción en el espacio en blanco encima del don espiritual. Por ejemplo, después de escribir la descripción A ustedes ven que A corresponde al don de apostolado.
5. Las seis descripciones en el grupo 1 corresponden a los seis dones enumerados en el grupo 1. Lo mismo se aplica también a los grupos 2, 3 y 4.
6. Luego deberán completar la columna: «Contribución».
7. El propósito de este ejercicio es que se familiaricen con todos los dones espirituales y sus descripciones, no sólo con el don que uno tiene.

Esto no es una carrera, así que tómense el tiempo de leer completamente cada descripción, antes de hacer la correspondencia con el don.

GRUPO 1: CÓMO CORRESPONDER LOS DONES

	1	2	3
DON ESPIRITUAL	ADMINISTRACIÓN	APOSTOLADO	ARTESANÍA
CORRESPONDENCIA		A	
CONTRIBUCIÓN			

A. Es la capacidad divina de comenzar y supervisar nuevas iglesias o estructuras ministeriales. Tienen el don de ser pioneros, establecer nuevos ministerios en iglesias y de adaptarse a diferentes ambientes y culturas. Desean predicar el evangelio en otros países o comunidades, tienen la responsabilidad de supervisar otras iglesias o ministerios y muestran autoridad y visión por la misión de la iglesia.

B. La capacidad divina de entender qué hace funcionar a una organización y la habilidad especial de planificar y ejecutar procedimientos para cumplir metas ministeriales. Gente que tiene el don de desarrollar estrategias o planes para alcanzar metas específicas, ayudar a los ministerios para que sean más eficientes y efectivos, ordenar el caos organizacional, manejando varias tareas o responsabilidades para poder alcanzar una meta o tarea.

C. La capacidad divina de distinguir entre la verdad y el error, discernir los espíritus, diferenciando entre el bien y el mal. Gente que tiene el don de distinguir la verdad del error, lo bueno de lo malo, los motivos puros de los impuros, identificar exacta y apropiadamente la decepción en otros, determinar cuando una palabra atribuida a Dios es auténtica, reconocer las enseñanzas, profecías e interpretaciones inconsistentes. Aptitud de reconocer la presencia del mal.

GRUPO 1: CÓMO CORRESPONDER LOS DONES

	4	5	6
DON ESPIRITUAL	COMUNICACIÓN CREATIVA	DISCERNIMIENTO	ANIMAR
CORRESPONDENCIA			
CONTRIBUCIÓN			

D. La capacidad divina para diseñar creativamente y/o construir objetos para usar en el ministerio. La gente que tiene este don trabaja con madera, tela, pinturas, metales, vidrio y otros materiales vírgenes, hace cosas que incrementan la efectividad de otros ministerios, disfruta sirviendo con sus manos para satisfacer necesidades tangibles. Diseña y construye cosas tangibles y recursos para usar en el ministerio, trabaja con distintas clases de herramientas y posee habilidades manuales.

E. La capacidad divina de presentar la verdad a fin de fortalecer, confortar, o inducir una conducta en aquellos que están desalentados o flaquean en su fe. La gente que tiene este don fortalece y afirma a quienes están desalentados, desafía, consuela y confronta a otros para creer y esperar en las promesas de Dios, urge a otros a la acción, aplicando las verdades bíblicas, motiva a otros a creer, enfatiza las promesas de Dios, y tiene confianza en su voluntad.

F. La capacidad divina de comunicar la verdad de Dios a través de varias formas artísticas. La gente que tiene este don usa las artes para comunicar la verdad de Dios. Desarrolla y usa habilidades artísticas como la dramatización, la composición literaria, la música, la danza, etc.; usa la variedad y la creatividad para cautivar a la gente y hacer que consideren el mensaje de Cristo; desafía las perspectivas que los demás tienen de Dios, usando las artes; demuestra nuevas maneras de expresar el ministerio y el mensaje del Señor.

GRUPO 2: CÓMO CORRESPONDER LOS DONES

	7	8	9
DON ESPIRITUAL	EVANGELISMO	FE	DAR
CORRESPONDENCIA			
CONTRIBUCIÓN			

G. La capacidad divina de realizar tareas prácticas y necesarias que liberan, apoyan y satisfacen las necesidades de otros. La gente que tiene este don sirve detrás de la escena, donde sea necesario, para apoyar los dones y los ministerios de otros; ve las cosas prácticas y tangibles que hay que hacer y disfruta haciéndolas, experimenta el propósito de Dios y se complace en cumplir sus responsabilidades diarias, agrega valor espiritual al servicio práctico, y disfruta sabiendo que hace lo posible para que otros cumplan aquello para lo que Dios los llamó.

H. La capacidad divina de ocuparse de la gente ofreciendo compañerismo, alimento y albergue. La gente que tiene este don ofrece un ambiente en donde la gente puede sentirse valorada y amada, conoce a otras personas y las hace sentir cómodas, crea una atmósfera cómoda y segura en donde se pueden desarrollar relaciones, busca formas de conectar a la gente para que tenga relaciones significativas, hace que las personas se sientan tranquilas en un ambiente desconocido.

I. La capacidad divina de actuar conforme a las promesas de Dios, confiando en la capacidad del Señor de cumplir sus propósitos. La gente que tiene este don cree en las promesas de Dios e inspira a otros a hacer lo mismo, actúa con total confianza sabiendo que Dios puede superar obstáculos, demuestra una actitud de confianza en la voluntad de Dios y sus promesas, promueve el avance de la causa de Cristo porque hace cosas que nadie se anima a hacer, pide a Dios lo que se necesita y confía en que Él proveerá.

GRUPO 2: CÓMO CORRESPONDER LOS DONES

	10	11	12
DON ESPIRITUAL	SANIDAD	AYUDA	HOSPITALIDAD
CORRESPONDENCIA			
CONTRIBUCIÓN			

J. La capacidad divina de contribuir con dinero y recursos a la obra del Señor con alegría y liberalidad. No se pregunta: «¿Cuánto dinero doy?», sino: «¿Con cuánto del dinero del Señor me quedo?». La gente que tiene este don maneja sus finanzas y limita su estilo de vida para dar tanto como pueda, apoya al ministerio con ofrendas sacrificiales para el progreso del reino, satisface necesidades tangibles que permiten el crecimiento espiritual y provee recursos confiando en la provisión de Dios; puede tener una habilidad especial para ganar dinero que beneficie la obra de Dios.

K. La capacidad divina de comunicar efectivamente el evangelio a los no creyentes para que respondan en fe y avancen hacia el discipulado. La gente con este don comunica el mensaje de Cristo con claridad y convicción, busca oportunidades para hablar de asuntos espirituales con los no creyentes, desafía a los no creyentes a tener fe y a ser devotos seguidores de Cristo, adapta su presentación del evangelio para conectarse con las necesidades del individuo, y busca oportunidades para establecer relaciones con los no creyentes.

L. La capacidad divina de ser el medio de Dios para restaurar la salud de la gente. La gente que tiene este don demuestra el poder de Dios; restaura a los enfermos, autentica el mensaje de Dios a través de sanidades; usa este don como una oportunidad para comunicar una verdad bíblica y glorificar a Dios; ora, toca o dice palabras que milagrosamente sanan el cuerpo, el alma o el espíritu.

GRUPO 3: CÓMO CORRESPONDER LOS DONES

	13	14	15
DON ESPIRITUAL	INTERCESIÓN	INTERPRETACIÓN	CONOCIMIENTO
CORRESPONDENCIA			
CONTRIBUCIÓN			

M. La capacidad divina de autenticar el ministerio y el mensaje de Cristo a través de intervenciones sobrenaturales que glorifican a Dios. La gente que tiene este don habla la verdad de Dios que es autenticada por un milagro que estimula a otros a establecer una relación con Dios, expresa confianza en la fidelidad de Dios, cree que Dios manifestará su presencia, ministra y predica el mensaje de Cristo con poder, proclama que Dios es la fuente del milagro y lo glorifica.

N. La capacidad divina de orar conscientemente por otros buscando resultados frecuentes y específicos. La gente que tiene este don se siente compelida a orar fervientemente por alguien o por alguna causa, tiene conciencia de la lucha espiritual diaria y ora, está convencida de que Dios se mueve para responder la oración, sigue la guía del Espíritu Santo, la entienda o no, ejercita autoridad y poder para la protección de otros y para equiparlos para el servicio.

O. La capacidad divina de desplegar la visión, motivar, y dirigir a la gente hacia el cumplimiento armonioso de los propósitos de Dios. La gente que tiene este don guía al pueblo de Dios o a los ministerios, inspira a otros para que den lo mejor de su capacidad, hace que la gente vea el cuadro completo, modela los valores del ministerio, se responsabiliza de establecer metas ministeriales.

GRUPO 3: CÓMO CORRESPONDER LOS DONES

	16	17	18
DON ESPIRITUAL	LIDERAZGO	MISERICORDIA	MILAGROS
CORRESPONDENCIA			
CONTRIBUCIÓN			

P. La capacidad divina de comunicar la verdad al cuerpo por medio de una revelación o reflexión bíblica. La gente que tiene este don recibe la verdad que le permite servir mejor al cuerpo, escudriña las Escrituras, entiende la verdad, obtiene conocimiento al que en ocasiones no se llega por medios naturales sino por revelación de Dios, tienen pensamientos o un entendimiento poco usual que sirve a la iglesia, comunica la verdad de manera práctica.

Q. La capacidad divina de ayudar con alegría y de forma práctica a aquellos que sufren o están necesitados. La gente que tiene este don tiene una compasión que los mueve a la acción; se enfoca en aliviar las fuentes de dolor o incomodidad entre la gente que sufre; detecta las necesidades de los que están solos y olvidados; extiende amor, gracia y dignidad a quienes pasan por crisis y dificultades; sirve con alegría en circunstancias difíciles o desagradables; se involucra en asuntos sociales que oprimen a la gente.

R. La capacidad divina de dar a conocer al cuerpo de Cristo el mensaje del que está hablando en lenguas. La gente que tiene este don responde a un mensaje en lenguas dando una interpretación, glorifica a Dios y demuestra Su poder a través de esta manifestación milagrosa, edifica al cuerpo al interpretar un mensaje específico de Dios que puede ser profético.

GRUPO 4: CÓMO CORRESPONDER LOS DONES

	19	20	21
DON ESPIRITUAL	PROFECÍA	PASTOR	ENSEÑANZA
CORRESPONDENCIA			
CONTRIBUCIÓN			

S. La capacidad divina de entender, explicar claramente y aplicar la Palabra de Dios, haciendo que los oyentes tengan un gran deseo de ser como Cristo. La gente que tiene este don comunica la verdad bíblica inspirando obediencia a la Palabra, desafiando a los que oyen a poner en práctica las verdades de la Escritura, enseñando el consejo de Dios para lograr un cambio radical en las vidas, presta atención a los detalles con precisión, y se prepara dedicando largas horas al estudio y la reflexión.

T. La capacidad divina de nutrir, cuidar y guiar a la gente hacia la madurez espiritual y a ser como Cristo. La gente que tiene este don asume la responsabilidad de nutrir a la persona integralmente para que pueda caminar con Dios, guía y supervisa al pueblo de Dios, ejemplifica con su vida lo que debe ser un verdadero seguidor de Jesucristo, establece la confianza a través de fomentar relaciones personales a largo plazo, guía y protege a aquellos que están dentro de su esfera de cobertura espiritual.

U. La capacidad divina de aplicar efectivamente la verdad espiritual para satisfacer una necesidad específica. La gente que tiene este don puede ver las consecuencias, habitualmente no vistas, de una situación, lo que nos ayuda a dar el próximo paso. Esta gente sabe qué necesidades del cuerpo hay que suplir, provee soluciones divinamente inspiradas en medio de conflictos y confusiones, escucha la voz del Espíritu, y aplica la verdad espiritual de manera práctica.

GRUPO 4: CÓMO CORRESPONDER LOS DONES

	22	23
DON ESPIRITUAL	LENGUAS	SABIDURÍA
CORRESPONDENCIA		
CONTRIBUCIÓN		

V. La capacidad divina de hablar a la iglesia en una lengua desconocida. La gente que tiene este don recibe un mensaje espontáneo de parte de Dios que se da a conocer a través del don de la interpretación de lenguas, transmite una palabra del Espíritu para edificar a la iglesia, habla en un lenguaje que no han aprendido y que no entienden, están disponibles para que Dios los use para hablar a su iglesia.

W. La capacidad divina de revelar la verdad y proclamarla de modo oportuno y relevante con el fin de instar a entender, corregir, arrepentirse, o edificar. Puede haber implicaciones inmediatas o futuras. La gente que tiene este don expone el pecado y el engaño en la vida de otros de modo de proveer a la reconciliación, ve la verdad que otros frecuentemente no ven y los desafía a responder, advierte sobre el juicio de Dios en caso de que no haya arrepentimiento, conoce el corazón de Dios, y ministra desde la experiencia que Dios le ha hecho vivir.

Los dones espirituales NO son:

- Talentos naturales

  ... *como cocinar, hacer deportes, etc.*

- El fruto del Espíritu

  ... *amor, gozo, paz, etc.*

- Las posiciones en la iglesia local

  ... *como pastor, maestro de escuela dominical, líder de grupo pequeño, etc.*

- Disciplinas cristianas

  ... *como ayunar, orar, estudiar, diezmar, etc.*

Pueden encontrar más detalles sobre esto al final de la Guía del Participante, en el apéndice de la página 151.

TAREA: EVALUACIÓN DE LOS DONES ESPIRITUALES

La próxima vez, asegúrate de completar lo siguiente:

- *Evaluación por medio de la experiencia* (página 53-64)
- *Evaluación por medio de la observación* (p.65-67)
- *Resumen de dones espirituales* (página 68)

EL DESCUBRIMIENTO DE LOS DONES ESPIRITUALES:

La evaluación por medio de la experiencia

Instrucciones

1. Ve a la página 55 y responde a cada una de las declaraciones sobre la evaluación por medio de la experiencia que allí encontrarás.
2. Pon tu puntaje correspondiente a cada declaración en la casilla indicada para tal fin, en tu hoja de respuestas de la página 54. Usa la siguiente escala:

PUNTAJE		SIGNIFICADO
3	=	Consistente / Definitivamente cierto
2	=	La mayor parte del tiempo / Generalmente cierto
1	=	Algunas veces / Una vez cada tanto
0	=	Nunca / Jamás

3. IMPORTANTE:
   - Responde de acuerdo a lo que tú eres, no de acuerdo a quién te gustaría ser o a quién piensas que deberías ser.
   - ¿Cuán ciertas son estas declaraciones para ti?
   - ¿Cuál ha sido tu experiencia?
   - ¿En qué medida, el hacer esta evaluación te ayudó a reflejar tus tendencias?
4. Cuando hayas terminado la *evaluación por medio de la experiencia,* suma el puntaje que hayas obtenido en cada columna, para obtener el total encima de cada letra.

	1	2	3	4	5	6	7	8	9	10	11	12	13	14	15	16	17	18	19				
	20	21	22	23	24	25	26	27	28	29	30	31	32	33	34	35	36	37	38				
	39	40	41	42	43	44	45	46	47	48	49	50	51	52	53	54	55	56	57				
	58	59	60	61	62	63	64	65	66	67	68	69	70	71	72	73	74	75	76				
	77	78	79	80	81	82	83	84	85	86	87	88	89	90	91	92	93	94	95				
	96	97	98	99	100	101	102	103	104	105	106	107	108	109	110	111	112	113	114				
	115	116	117	118	119	120	121	122	123	124	125	126	127	128	129	130	131	132	133	134	135	136	137
TOTAL																							
	A	B	C	D	E	F	G	H	I	J	K	L	M	N	O	P	Q	R	S	T	U	V	W
DONES MÁS IMPORTANTES																							

INDICA LOS 3 DONES MÁS IMPORTANTES

SI ES MÁS CONVENIENTE, CORTA AQUÍ

EVALUACIÓN POR MEDIO DE LA EXPERIENCIA ESPIRITUAL

1. Puedo coordinar gente, tareas y eventos para satisfacer una necesidad.
2. Disfruto trabajando creativamente con madera, telas, pintura, metal, vidrio u otros materiales.
3. Disfruto desarrollando y usando mis habilidades artísticas. (arte, drama, música, fotografía, etc.)
4. Cuando veo conformismo espiritual, estoy dispuesto a desafiarlo.
5. Estoy convencido de que Dios no sólo puede, Él lo hará.
6. Daré con alegría para satisfacer a la gente que tiene necesidad o para financiar proyectos que requieran mi apoyo.
7. Disfruto trabajando detrás de escena para apoyar el trabajo de otros.
8. Veo mi casa como un lugar seguro para ayudar y ministrar a la gente.
9. Cuando tomo conocimiento de una necesidad o problema, me siento honrado de poder orar por alguien o por algo.
10. Me motiva establecer metas e influir en otros para que cumplan una visión a fin de que el Reino de Dios se expanda sobre la tierra.
11. Simpatizo con la gente herida y deseo ayudarles en su proceso de restauración.
12. Me atrae la idea de servir en otro país o comunidad étnica.
13. He hablado una palabra profética importante y oportuna a otros, la cual, sentí que provenía directamente de Dios.
14. Tengo la habilidad de comunicar el evangelio con claridad y convicción.
15. Tengo la habilidad de establecer relaciones personales confiables y sólidas, de larga duración.
16. Tengo la habilidad de comunicar la Palabra de Dios efectivamente.

17. Puedo distinguir claramente entre la verdad y el error, entre el bien y el mal.
18. Investigo persistentemente en mi intención de obtener el conocimiento de la verdad.
19. Con frecuencia, otras personas me buscan para pedirme consejo sobre asuntos personales y espirituales.
20. Soy cuidadoso y meticuloso en el manejo de los detalles.
21. Soy habilidoso para manejar distintos tipos de herramientas.
22. Ayudo a la gente a entenderse mejor a sí misma y a comprender mejor su relación con Dios a través de expresiones artísticas.
23. Disfruto animando y afirmando a aquellos que están desmotivados y descorazonados.
24. Tengo confianza en la provisión de Dios, incluso en tiempos difíciles.
25. Doy más que el diezmo a fin de que el Reino de Dios pueda crecer.
26. Disfruto llevando a cabo distintas actividades rutinarias que aportan para las necesidades del ministerio.
27. Disfruto conociendo gente nueva y haciéndolos sentir cómodos.
28. Disfruto orando por largos periodos de tiempo hasta recibir de Dios aquello por lo que he estado orando.
29. Es natural para mí el liderar a otros y me siento más cómodo liderando que no haciéndolo.
30. Puedo apoyar con paciencia a aquellos que están sufriendo y buscan estabilizar sus vidas.
31. Estoy dispuesto a cumplir un rol activo en la plantación de nuevas iglesias.
32. Por medio de la revelación de Dios, puedo iluminar la realidad de la vida de una persona de modo que esto la ayude a ver el deseo de Dios para el futuro.
33. Después de que predico el evangelio, la gente se entrega a Cristo.

34. Puedo proveer apoyo a largo plazo para las personas en necesidad emocional y espiritual.
35. Puedo clarificar la Palabra de Dios a aquellos que están confundidos o no la entienden.
36. Tengo un «sexto sentido» y frecuentemente puedo identificar a la gente sobre la base de una primera impresión.
37. Recibo información por medio del Espíritu, información que no adquiero mediante procesos naturales.
38. Puedo buscar y encontrar soluciones simples y prácticas en medio de confusiones y conflictos.
39. Puedo clarificar metas y desarrollar estrategias para lograrlas.
40. Puedo visualizar cómo se debería construir algo antes de que se comience a edificar.
41. Me gusta buscar formas nuevas para comunicar la verdad de Dios.
42. Doy esperanza a otros, recordándoles las promesas de Dios.
43. Tengo la habilidad especial de confiar en Dios para la resolución de necesidades extraordinarias.
44. Administro bien mi dinero, de modo de contar con más para dar.
45. Estoy dispuesto a hacer cualquier tipo de trabajo en la iglesia, con tal de que sirva para satisfacer las necesidades de otros.
46. Creo genuinamente que Dios me conecta con personas que no conozco y que necesitan pertenecer y conectarse con otros.
47. Cuando oro, soy conciente de que estoy ministrando a otros.
48. Frecuentemente me eligen como vocero en las reuniones de grupos dc discusión.
49. Me inclino hacia la gente que es considerada: «casos perdidos», que no merecería que se la ayude, o que aparentemente no sería posible ayudar.
50. Me puedo relacionar con otros percibiendo las distintas culturas.
51. Hablo la verdad bíblica de modo oportuno y accesible a fin de fortalecer, animar y confortar al pueblo de Dios.

52. Prefiero estar rodeado de no creyentes que de creyentes, de modo de poder construir relaciones con los primeros.
53. Disfruto apoyando prácticamente y proveyendo guía espiritual a un grupo de personas.
54. Cuando enseño, la gente pone en práctica lo que aprende.
55. Puedo ver el engaño y la falsedad antes que otros los adviertan.
56. Busco la verdad a fin de evitar el entendimiento superficial de las verdades.
57. Me sorprende saber que tanta gente es incapaz de resolver sus problemas con sentido común.
58. Puedo identificar y usar efectivamente los recursos necesarios para completar una tarea.
59. Soy bueno para trabajar con mis manos y lo disfruto.
60. Regularmente, tengo que pasar tiempo a solas a fin de reflexionar y desarrollar mi imaginación.
61. Doy confianza a aquellos que necesitan actuar con coraje en sus vidas personales o familiares.
62. Soy inconmovible en cuanto a mi convicción de que Dios obra en todas las circunstancias en las cuales no podemos tener éxito basados en el esfuerzo humano.
63. Elijo limitar mi estilo de vida a fin de dar un alto porcentaje de mis ingresos.
64. Veo un gran significado espiritual en la realización de tareas prácticas.
65. Raramente conozco gente y ni siquiera me gusta que me incluyan en la vida de la iglesia.
66. Oro con fe por que sé que Dios me contesta.
67. Fijo metas y guío a la gente a que las cumpla.
68. Tengo una gran compasión por la gente herida.
69. Veo siempre «el gran cuadro», y no dejo que los problemas me detengan.
70. He hablado con otros acerca de eventos futuros que Dios me ha revelado y sucedieron tal como Dios me dijo que sucederían.

71. Hablo atrevidamente de Cristo y veo que los que escuchan me responden positivamente.
72. Puedo restaurar con mansedumbre a aquellos creyentes que se han apartado de la fe y la comunión.
73. Me frustro cuando veo la ignorancia de la gente respecto a la Palabra de Dios.
74. Dios me muestra la diferencia entre la influencia demoníaca, la enfermedad mental, y entre la verdad y el error.
75. Cuando leo o estudio las Escrituras puedo ver temas importantes que benefician a otros dentro del cuerpo de Cristo.
76. Puedo anticipar las probables consecuencias de las acciones de un grupo o individuo.
77. Me gusta a ayudar a un grupo a ser más eficiente.
78. Sirvo trabajando detrás de la escena, haciendo cosas útiles para el ministerio y la honra de Dios.
79. La forma en la que digo las cosas, hace que los demás tomen conciencia de la verdad y piensen: «Nunca antes lo había visto de esa manera».
80. Me encanta afirmar y dar confianza a otros.
81. Cuando veo que Dios se está moviendo en una dirección, la sigo, a pesar de la oposición o la falta de recursos.
82. Para proyectos o eventos especiales, me gusta dar de una manera que anime a otros a dar generosamente.
83. Me gusta hacer lo que se necesita hacer, aun cuando no me lo pidan.
84. Para mí, los momentos más grandiosos de las iglesias son los tiempos de interacción social y compañerismo.
85. Cuando escucho acerca de una necesidad, siento la carga de orar.
86. Influyo a otros para que den lo mejor de sí mismos.
87. Miro a las personas discapacitadas o con problemas, como gente en la que Dios se interesa y como una oportunidad para servir.

88. Soy sensible para entender las diversas culturas y me siento cómodo trabajando entre grupos étnicos diferentes.
89. Me siento empujado a hablar las palabras de aliento que Dios me da para animar y fortalecer a otros.
90. Le digo abiertamente a la gente que soy cristiano y quiero que me pregunten acerca de mi fe.
91. He guiado a muchas personas con la verdad, dándoles aliento, cuidado, amor, y guía.
92. Comunico la Escritura de un modo que alienta a otros a crecer.
93. Recibo confirmación de otros acerca de mis percepciones sobre ellos.
94. Repetidamente, me sucede que sé cosas respecto a otras personas, pero no sé cómo las supe.
95. Doy consejos prácticos para ayudar a otros a resolver situaciones complicadas.
96. Puedo visualizar un gran evento, anticipar los problemas potenciales y desarrollar estrategias para resolverlos o evitarlos.
97. Soy una persona con recursos, capaz de encontrar los mejores materiales y usar las mejores herramientas para construir lo que sea necesario.
98. Empleo distintas manifestaciones artísticas para atraer a la gente a Cristo.
99. Me gusta motivar a otros a que den pasos de crecimiento espiritual.
100. Regularmente desafío a otros a confiar en Dios.
101. Manejo mi dinero y doy a ministerios que están bien conducidos y están marcando una diferencia para Cristo en las vidas de la gente.
102. Muestro mi amor por la gente con mis acciones, más que con palabras.
103. Hago lo que está a mi alcance para hacer que los visitantes se sientan cómodos.

104. Dios me da la confianza y la paz de que mis oraciones están siendo contestadas (aún cuando no estoy viendo ningún resultado).
105. Soy capaz de capturar una visión para el ministerio, que otros querrán seguir y de la que querrán participar.
106. Disfruto dando esperanza, gozo, y confianza, a gente que está atravesando una crisis o una situación crónica en su vida.
107. Me relaciono con líderes que con frecuencia se unen a mí en la realización de nuevos emprendimientos ministeriales.
108. Dios me revela cosas que otros no pueden ver, de modo que cuando les hablo, pueden entender lo que Dios está haciendo en sus vidas.
109. Amo a los inconversos, no importa donde están ni su condición.
110. Asumo la responsabilidad de nutrir a la persona íntegramente en su caminar con Dios.
111. Puedo enseñar a otros, habilidades e información, de modo que ellos las puedan aprender fácilmente y aplicarlas a sus vidas.
112. Puedo acceder a una esfera espiritual, donde Dios me ha revelado la presencia de espíritus.
113. Las verdades y el conocimiento que poseo han creado en mí una carga tan grande que siento la responsabilidad de manejar sabiamente todo ese conocimiento.
114. Cuando me enfrento a la necesidad de aplicar una verdad bíblica a un problema práctico, Dios me revela la solución.
115. Quicro ordenar el caos organizacional, cuando lo veo.
116. Tengo destreza y coordinación.
117. Percibo las cosas como un todo y puedo ensamblarlas creativamente, haciéndolas fluir armónica y artísticamente con el fin de expresar una verdad bíblica.
118. Puedo desafiar o reprender a otros en amor a fin de ayudarlos a crecer espiritualmente.

119. Encuentro natural creer en Dios respecto a cosas que a otros les parecen imposibles.
120. Creo que he recibido una cantidad enorme de recursos de modo que puedo dar más para la obra de Dios.
121. Cuando algo debe hacerse, se me hace difícil decir «NO».
122. Puedo hacer que la gente se sienta cómoda, incluso en ambientes no familiares.
123. Veo resultados específicos como respuesta directa a mis oraciones.
124. Pienso y defino hacia dónde debemos ir y ayudo a los demás a llegar allí.
125. Siento compasión por los que sufren y la necesidad de remover las causas del sufrimiento.
126. La autoridad y el poder de Dios se manifiestan en las nuevas iglesias y ministerios que me ha tocado plantar e iniciar
127. Siento la necesidad de exponer el pecado, allí donde lo veo, confrontando a la gente para que se arrepienta.
128. Estoy constantemente pensando en maneras de hablar sobre asuntos espirituales con amigos que no conocen a Cristo.
129. Me siento responsable de supervisar y proteger a los creyentes, de aquellas cosas que los pudieran apartar de la fe y la comunión.
130. Lucho con la necesidad de comunicar, de todo lo que he estudiado, sólo aquello que el pueblo de Dios necesita en ese momento.
131. Puedo sentir cuando las fuerzas demoníacas están operando en una persona o situación determinada.
132. Me encanta aprender y comunicarme con aquellos que quieren aprender.
133. Me gusta leer y estudiar el libro de Proverbios, debido a su simpleza y a las verdades poderosamente prácticas expresadas en el mismo.

Si repetidamente has tenido algunas de las siguientes experiencias, simplemente marca la oración que corresponda.

134. He visto repetidamente que la gente ha sido sanada de sus enfermedades al poner mis manos sobre ella y orar.
135. Cuando escucho a alguien hablar en lenguas, siento que el Espíritu me revela un mensaje y lo digo en voz alta para que lo escuche la iglesia.
136. He experimentado el poder de Dios dentro de mí para echar fuera demonios y sanar enfermos y veo su intervención natural en la naturaleza.
137. Hablo en un lenguaje que no puedo entender y alguien ha interpretado lo que yo he dicho.

CUADRO PARA LA EVALUACIÓN POR MEDIO DE LA EXPERIENCIA

A	administración
B	artesanía
C	comunicación creativa
D	animar
E	fe
F	dar
G	ayuda
H	hospitalidad
I	intercesión
J	liderazgo
K	misericordia
L	apostolado
M	profecía
N	evangelismo
O	pastor
P	enseñanza
Q	discernimiento
R	palabra de conocimiento
S	palabra de sabiduría
T	sanidad
U	interpretación
V	milagros
W	lenguas
Otros	

EVALUACIÓN POR MEDIO DE LA OBSERVACIÓN.

El descubrimiento de los dones espirituales

Con frecuencia no serás consciente de lo que otros aprecian en ti... o de las habilidades ministeriales que posees. Esta *evaluación por medio de la observación* le da a la gente que te conoce la oportunidad de confirmar aquellas áreas en las que posiblemente hayas sido dotado con uno o más dones espirituales.

Instrucciones

1. Tu Guía del Participante tiene tres evaluaciones idénticas (página 164). Quítalas del libro y dale una *Evaluación por medio de la observación* a tres personas. Pídeles que la completen y te la devuelvan.
2. La mejor gente a la que preguntar son aquellos cristianos que te han visto desenvolverte en algún ministerio. Si esto no fuera posible, pregúntale a personas que te conozcan bien y puedan expresar lo que conocen de ti a partir de sus observaciones y de la relación personal que tienen contigo.
3. Comienza con esta evaluación enseguida. La gente necesitará tiempo para completarla y devolvértela para la próxima sesión.
4. Una vez que te han devuelto la hoja con la *evaluación por medio de la observación*, compila los resultados en el «Resumen de las Observaciones» de la página 66.
5. Transfiere tus conclusiones a la hoja del «Resumen de dones espirituales» de la página 68.

EVALUACIÓN POR MEDIO DE LA OBSERVACIÓN.

El descubrimiento de los dones espirituales

1. En la tabla de abajo, pon una X en las casillas que indiquen los tres dones principales que han sido identificados en cada una de tus *Evaluaciones por medio de la observación.*

	DON ESPIRITUAL	OBSERVADOR 1	OBSERVADOR 2	OBSERVADOR 3	TOTAL	DONES PRINCIPALES
A	administración					
B	artesanía					
C	comunicación creativa					
D	animar					
E	fe					
F	dar					
G	ayuda					
H	hospitalidad					
I	intercesión					
J	liderazgo					
K	misericordia					
L	apostolado					
M	profecía					
N	evangelismo					
O	pastor					
P	enseñanza					
Q	discernimiento					
R	palabra de conocimiento					
S	palabra de sabiduría					
T	sanidad					
U	interpretación					
V	milagros					
W	lenguas					

Recuerda, sus percepciones estarán determinadas por el tiempo que hace desde que te conocieron y el tipo de relación que tienen contigo (familia, grupo pequeño, trabajo, vecino, ministerio, etc). Pesa los distintos factores al tomar nota y evalúa las respuestas. Da mayor importancia a aquellos que te han visto en el ministerio.

2. Suma las distintas celdas para obtener el total de los dones espirituales.

3. En la columna sombreada de la derecha, coloca 1, 2 o 3 en cada don espiritual, según se identifiquen con el puntaje más alto.

4. Transfiere los tres con puntaje más alto al «Resumen de los dones espirituales» de la página 68.

RESUMEN DE LOS DONES ESPIRITUALES.

El descubrimiento de los dones espirituales

Usa esta página para compilar los resultados de tu *evaluación por medio de experiencias* y tu *evaluación por medio de la observación.*

EVALUACION POR MEDIO DE LA EXPERIENCIA ¿Cuáles son los tres dones más importantes identificados en tu evaluación por medio de experiencias?	*EVALUACION POR MEDIO DE LA OBSERVACIÓN* ¿Cuáles son los tres dones más observados por aquellos que mejor te conocen?
______________	______________
______________	______________
______________	______________
______________	______________

Ahora... combina los resultados de las dos evaluaciones en una lista de los que tú piensas que hasta hoy, son tus tres dones principales.

MIS DONES ESPIRITUALES	CONTRIBUCIÓN (páginas 44-51)
1. ______________	______________
2. ______________	______________
3. ______________	______________

«El Descubrimiento de los dones»

sesión 3

En cuanto a los dones espirituales, hermanos, quiero que entiendan bien este asunto.

1 Corintios 12:1 (NVI)

Cada uno ponga al servicio de los demás el don que haya recibido, administrando fielmente la gracia de Dios en sus diversas formas.

1 Pedro 4:10 (NVI)

INTRODUCCIÓN

Hasta el momento, en las sesiones 1 y 2 hemos:

- Definido qué es un don espiritual
- Hecho una lista de los dones mencionados en la Biblia
- Hecho la correspondencia con sus descripciones
- Visto su contribución única y realizado las evaluaciones para identificar tus propios dones espirituales

En cuanto a los dones espirituales, hermanos, quiero que entiendan bien este asunto.

1 Corintios 12:1

La verdadera y última prueba de tu don espiritual viene a través de ______________ del cuerpo de Cristo.

EVALUACIÓN POR MEDIO DE LAS REFERENCIAS

Instrucciones

Esta es una actividad individual.

1. Busca tu don espiritual principal en la Evaluación por medio de las referencias. Todos los dones están ordenados alfabéticamente.

2. Al ir leyendo la información sobre tu don espiritual, pon una marca en la casilla que contenga características, atributos, o advertencias que piensas que se aplican a ti. Si sientes que algún punto no se aplica particularmente a ti, mira aquel don que has identificado como tu segundo don. Revisa si hay una mejor correspondencia con éste último.

3. Si terminas antes de que se agote el tiempo, busca los pasajes de la Escritura que se encuentran al pie de la página, o lee acerca del próximo don en tu lista.

ADMINISTRACIÓN

Sentido literal: Pilotear o timonear un buque.

Descripción: El don de la administración es la capacidad divina para entender lo que hace a una organización funcionar, y la habilidad especial para planificar y ejecutar procedimientos que alcancen las metas del ministerio.

Características:

- ❑ Desarrolla estrategias para alcanzar metas específicas.
- ❑ Ayuda a los ministerios para hacerlos más efectivos y eficientes.
- ❑ Ordena el caos organizacional.
- ❑ Maneja o coordinar una variedad de responsabilidades para cumplimentar una tarea.
- ❑ Organiza gente, tareas, o eventos.

Atributos:

- ❑ Minucioso
- ❑ Objetivo
- ❑ Responsable
- ❑ Organizado
- ❑ Orientado hacia las metas
- ❑ Eficiente
- ❑ Esmerado

Advertencias:

- ❑ Debe estar abierto a ajustar sus planes, de modo que no asfixie la visión del líder.
- ❑ Puede usar a la gente sólo para lograr metas sin estar interesado en su crecimiento a lo largo del proceso.
- ❑ Puede fallar en ver el cumplimiento de los propósitos de Dios, en medio del proceso de cumplir una meta.

Referencias: 1 Corintios 12:28; Hechos 6:1-7; Éxodo 18:13-26

APOSTOLADO

Sentido literal: Ser enviado con el mensaje.

Descripción: La capacidad divina de comenzar y supervisar nuevas iglesias o estructuras ministeriales.

Características:

- ❑ Tiene el don de ser pionero, establecer nuevos ministerios en iglesias.
- ❑ Se adapta a diferentes ambientes y culturas
- ❑ Desea predicar el evangelio en otros países o comunidades.
- ❑ Tiene la responsabilidad de supervisar otras iglesias o ministerios.
- ❑ Muestra autoridad y visión por la misión de la iglesia.

Atributos:

- ❑ Aventurero
- ❑ Emprendedor
- ❑ Perseverante
- ❑ Flexible
- ❑ Culturalmente sensible
- ❑ Tomador de riesgos
- ❑ Lo motivan las causas.

Advertencias:

- ❑ Debe recordar que el mal uso de la autoridad puede llevar a apagar el espíritu en otros.
- ❑ Debe ser afirmado y enviado por la iglesia.
- ❑ Podría llegar a ser exigente y pesimista.

Referencias: 1 Corintios 12:28-29; Efesios 4:11-12; Romanos 1:5; Hechos 13:2-3

ARTESANÍA

Sentido literal: Crear, diseñar, edificar.

Descripción: La capacidad divina para diseñar creativamente y/o construir objetos para ser usados en el ministerio.

Características:

- ❑ Trabaja con madera, tela, pinturas, metales, vidrio y otros materiales vírgenes.
- ❑ Hace cosas que incrementan la efectividad de otros ministerios.
- ❑ Disfruta sirviendo con sus manos para satisfacer necesidades tangibles.
- ❑ Diseña y construyen cosas tangibles y recursos para usar en el ministerio.
- ❑ Trabaja con distintas clases de herramientas y posee habilidades manuales.

Atributos:

- ❑ Creativo
- ❑ Diseñador
- ❑ Laborioso
- ❑ Ingenioso
- ❑ Práctico
- ❑ Trabaja detrás de la escena
- ❑ Ayudador.

Advertencias:

- ❑ Puede fallar en ver y apreciar la contribución que su don hace al cuerpo.
- ❑ Puede usar a la gente para conseguir terminar un trabajo, en vez de ayudarles a crecer en el proceso.
- ❑ Debe recordar que las cosas que hace son medios para un fin y no fines en sí mismos.

Referencias: Éxodo 31:3; 35:31-35; Hechos 9:36-39; 2 Reyes 22:5-6

COMUNICACION CREATIVA

Sentido literal: Comunicar artísticamente.

Descripción: La capacidad divina de comunicar la verdad de Dios a través de varias formas artísticas.

Características:

- ❑ Usa el arte para comunicar la verdad de Dios.
- ❑ Desarrolla y usa habilidades artísticas como el drama, la escritura, la música, etc.
- ❑ Usa la variedad y la creatividad para cautivar a la gente con el mensaje de Cristo.
- ❑ Desafía la perspectiva de Dios que tiene la gente a través de las varias manifestaciones del arte.
- ❑ Demuestra maneras frescas de comunicar el mensaje y el ministerio de Dios.

Atributos:

- ❑ Expresivo
- ❑ Imaginativo
- ❑ Orientado a las ideas
- ❑ Artístico
- ❑ Creativo
- ❑ No convencional
- ❑ Sensible.

Advertencias:

- ❑ Debe recordar que el arte no es un fin en sí mismo sino un medio para glorificar a Dios y edificar a otros.
- ❑ Podría encontrar difícil de aceptar la evaluación y la crítica constructiva.
- ❑ Podría ser reacio a cooperar (debido al ego, orgullo o individualismo) y necesita aprender a trabajar en equipo.

Referencias: Salmos 150:3-5; 2 Samuel 6:14-15, Marcos 4:2, 33

DISCERNIMIENTO

Sentido literal: Separar o hacer distinción, diferenciar.

Descripción: La capacidad divina de distinguir entre la verdad y el error, discernir los espíritus, diferenciando entre el bien y el mal.

Características:

- ❑ Distingue la verdad del error, lo bueno de lo malo, los motivos puros de los impuros.
- ❑ Identifica el engaño en otros con exactitud y propiedad.
- ❑ Determina si una palabra atribuida a Dios es auténtica.
- ❑ Reconoce la enseñanza y la profecía inconsistentes.
- ❑ Es capaz de sentir la presencia del maligno.

Atributos:

- ❑ Perceptivo
- ❑ Astuto
- ❑ Sensitivo
- ❑ Intuitivo
- ❑ Decidido
- ❑ Retador
- ❑ Veraz

Advertencias:

- ❑ Le puede costar transmitir sus percepciones, sentimientos e intuiciones.
- ❑ Podría ser duro al confrontar a otros, en vez de hablar con amor.
- ❑ Debe confirmar sus percepciones antes de hablar.

Referencias: 1 Corintios 12:10; Hechos 5:1-4; Mateo 16:21-23

ANIMAR

Sentido literal: Estar al lado de alguien.

Descripción: La capacidad divina de presentar la verdad a fin de fortalecer, confortar, o inducir una conducta en aquellos que están desalentados o flaquean en su fe.

Características:

- ❑ Está al lado de quienes se encuentran desanimados, para fortalecerlos y afirmarlos.
- ❑ Desafía, conforta y confronta a otros con las promesas de Dios.
- ❑ Urge a otros a actuar, apoyado en las promesas de Dios.
- ❑ Motiva a otros a crecer.
- ❑ Enfatiza las promesas de Dios y confía en su voluntad.

Atributos:

- ❑ Positivo
- ❑ Motivador
- ❑ Estimulador
- ❑ Generador de confianza.
- ❑ Generador de apoyo
- ❑ Confiable.

Advertencias:

- ❑ A veces, puede llegar a ser demasiado optimista, demasiado simplista, o adulador.
- ❑ Debería, ante todo, entender la situación de los otros y lo que realmente necesitan.
- ❑ Podría querer decir sólo cosas positivas, evitando el confrontar cuando es necesario.

Referencias: Romanos 12:8; Hechos 11:22-24; 15:30-32

EVANGELISMO

Sentido literal: Llevar las buenas nuevas.

Descripción: La capacidad divina de comunicar efectivamente el evangelio a los no creyentes para que respondan con fe y avancen hacia el discipulado.

Características:

- ❏ Comunica el mensaje de Cristo con claridad y convicción.
- ❏ Busca oportunidades para comunicar el evangelio con los no creyentes.
- ❏ Desafía a los no creyentes a que se entreguen completamente a Cristo.
- ❏ Adapta su presentación del evangelio a las necesidades de la gente.
- ❏ Busca oportunidades para establecer relaciones con no creyentes.

Atributos:

- ❏ Sincero /Serio
- ❏ Franco
- ❏ Respetuoso
- ❏ Influyente
- ❏ Espiritual
- ❏ Confidente
- ❏ Comprometido /Orientado.

Advertencias:

- ❏ Debe recordar que es el Espíritu, no la culpa, quien guía a una persona a tomar una decisión por Cristo.
- ❏ Debe evitar criticar a otros, recordando que todos somos testigos, pero no todos somos evangelistas.
- ❏ Debe escuchar bien a la gente pues no podemos acercarnos a todo el mundo del mismo modo.

Referencias: Efesios 4:11; Hechos 8:26-40; Lucas 19:1-10

FE

Sentido literal: Confiar, creer.

Descripción: La capacidad divina de actuar conforme a las promesas de Dios, confiando en la capacidad del Señor de cumplir sus propósitos.

Características:

- ❑ Cree en las promesas de Dios e inspira a otros a hacer lo mismo.
- ❑ Actúa con total confianza sabiendo que Dios puede superar obstáculos.
- ❑ Demuestra una actitud de confianza en la voluntad de Dios y sus promesas.
- ❑ Promueve el avance de la causa de Cristo porque hace cosas que nadie se anima a hacer.
- ❑ Pide a Dios lo que se necesita y confía en que Él proveerá.

Atributos:

- ❑ Orador
- ❑ Optimista
- ❑ Confiado
- ❑ Seguro
- ❑ Positivo
- ❑ Inspirador
- ❑ Esperanzado.

Advertencias:

- ❑ Debe actuar basado en su fe
- ❑ Debe recordar que quienes hablan con razón y deseo de planificar, no necesariamente carecen de fe.
- ❑ Debe escuchar y considerar el consejo de creyentes sabios y llenos del Espíritu Santo.

Referencias: 1 Corintios 12:9; 13:2; Hebreos 11:1; Romanos 4:18-21

DAR

Sentido literal: Compartir, entregar una parte de.

Descripción: La capacidad divina de contribuir con dinero y recursos a la obra del Señor con alegría y liberalidad. No se pregunta: «¿Cuánto dinero doy?», si no «¿Con cuánto del dinero del Señor me quedo?».

Características:

- ❑ Maneja sus finanzas y limita su estilo de vida para dar tanto como pueda.
- ❑ Apoya al ministerio con ofrendas sacrificiales para el progreso del reino.
- ❑ Satisface necesidades tangibles que permiten el crecimiento espiritual.
- ❑ Provee recursos confiando en la provisión de Dios.
- ❑ Puede tener una habilidad especial para ganar dinero que beneficie la obra de Dios.

Atributos:

- ❑ Orientado hacia la mayordomía
- ❑ Responsable
- ❑ Ingenioso
- ❑ Caritativo
- ❑ Confía en Dios
- ❑ Disciplinado

Advertencias:

- ❑ Necesita estimar su don, recordando que dar dinero y recursos al cuerpo de Cristo es una manera de contribuir en el reino.
- ❑ Debe recordar que la agenda de la iglesia es determinada por los líderes, no por los dadores de ofrendas.
- ❑ Debe guardarse de caer en la avaricia.

Referencias: Romanos 12:8; 2 Corintios 6:8; Lucas 21:1-4

SANIDAD

Sentido literal: Restaurar al enfermo instantáneamente.

Descripción: La capacidad divina de ser el medio de Dios para restaurar la salud de la gente.

NOTA: La palabra griega está en plural, «sanidades», lo que indica que diferentes tipos de sanidades son posibles (emocional, relacional, espiritual, física, etc.)

Características:

- ❑ Demuestra el poder de Dios.
- ❑ Restaura a los enfermos.
- ❑ Autentica el mensaje de Dios a través de sanidades.
- ❑ Usa este don como una oportunidad para comunicar una verdad bíblica y glorificar a Dios.
- ❑ Ora, toca o dice palabras que milagrosamente sanan el cuerpo, alma o espíritu.

Atributos:

- ❑ Compasivo
- ❑ Confía en Dios
- ❑ Orador
- ❑ Está lleno de fe
- ❑ Humilde
- ❑ Responsable
- ❑ Obediente

Advertencias:

- ❑ Debe recordar que no siempre es su fe o la del enfermo la que determina la sanidad, sino Dios mismo.
- ❑ Debe recordar que Dios no promete que sanará a todos los enfermos.
- ❑ Debe recordar que Jesús no sanó a todos y cada uno de los enfermos que había sobre la tierra.

Referencias: 1 Corintios 12:9, 28, 30; Hechos 3:1-16; Marcos 2:1-12

AYUDA

Sentido literal: Tomar el lugar de alguien.

Descripción: La capacidad divina de realizar tareas prácticas y necesarias que liberan, apoyan, y satisfacen las necesidades de otros.

Características:

- ❑ Sirve detrás de la escena, donde sea que se lo necesite, para apoyar los dones y los ministerios de otros.
- ❑ Ve las cosas prácticas y tangibles que hay que hacer y disfruta haciéndolas.
- ❑ Experimenta el propósito de Dios y se complace en cumplir sus responsabilidades diarias.
- ❑ Agrega valor espiritual al servicio práctico.
- ❑ Disfruta sabiendo que hace lo posible para que otros cumplan aquello para lo que Dios los llamó.

Atributos:

- ❑ Dispuesto
- ❑ Voluntarioso
- ❑ Ayudador
- ❑ Confiable
- ❑ Leal
- ❑ Responsable
- ❑ Actitud de: «Lo haré, cueste lo que cueste».

Advertencias:

- ❑ Necesita estimar su don, recordando que hacer cosas prácticas es una contribución espiritual al cuerpo de Cristo.
- ❑ Le es difícil decir «no».
- ❑ Debe responder más a las necesidades del liderazgo que a las de su propia agenda.

Referencias: 1 Corintios 12:28, Romanos 12:7; Hechos 6:1-4; Romanos 16:1-2

HOSPITALIDAD

Sentido literal: Amar a gente que no conozco.

Descripción: La capacidad divina de ocuparse de la gente ofreciendo compañerismo, alimento y albergue.

Características:

- ❑ Ofrece un ambiente en donde la gente puede sentirse valorada y amada.
- ❑ Conoce a otras personas y los hace sentir cómodos.
- ❑ Crea una atmósfera cómoda y segura en donde se pueden desarrollar relaciones.
- ❑ Busca formas de conectar a la gente para que tengan relaciones significativas.
- ❑ Hace que las personas se sientan tranquilas en un ambiente desconocido.

Atributos:

- ❑ Amigable
- ❑ Lleno de gracia
- ❑ Invitador
- ❑ Confiado
- ❑ Interesado
- ❑ Sensible
- ❑ Cálido

Advertencias:

- ❑ Debe evitar ver su don como si fuera un «entretenimiento».
- ❑ Debe pedir a Dios que le revele a quién quiere que hospede o sirva.
- ❑ Debe cuidar de no estresar a su familia cuando invita a otros a su hogar.

Referencias: 1 Pedro 4:9-10, Romanos 12:13; Hebreos 13:1-2

INTERCESIÓN

Sentido literal: Orar en representación o a favor de alguien.

Descripción: La capacidad divina de orar conscientemente por otros buscando resultados frecuentes y específicos.

Características:

- ❑ Se siente compelido a orar fervientemente por alguien o por alguna causa.
- ❑ Tiene conciencia de la lucha espiritual diaria y ora.
- ❑ Está convencido de que Dios se mueve para responder la oración.
- ❑ Sigue la guía del Espíritu Santo, la entienda o no.
- ❑ Ejercita autoridad y poder para la protección de otros y para equiparlos para el servicio.

Atributos:

- ❑ Intercesor
- ❑ Amoroso
- ❑ Sincero
- ❑ Pacificador
- ❑ Confiable
- ❑ Dispuesto a compartir las cargas
- ❑ Espiritualmente sensible

Advertencias:

- ❑ Debe evitar sentir que su don no tiene valor, ya que interceder por otros es su contribución al cuerpo de Cristo
- ❑ Debe evitar usar la oración como pretexto para evadir otras responsabilidades
- ❑ Debe evitar el sentirse más santo que los demás, actitud que a veces se produce cuando alguien pasa mucho tiempo en la presencia de Dios.

Referencias: Romanos 8:26-27; Juan 17:9-26; 1 Timoteo 2:1-2; Colosenses 1:9-12; 4:12-13

INTERPRETACIÓN

Sentido literal: Traducir, interpretar.

Descripción: La capacidad divina de dar a conocer al cuerpo de Cristo el mensaje del que está hablando en lenguas.

Características:

- ❑ Responde a un mensaje en lenguas dando una interpretación.
- ❑ Glorifica a Dios y demuestra Su poder a través de esta manifestación milagrosa.
- ❑ Edifica al cuerpo al interpretar un mensaje específico de Dios.
- ❑ Entiende un lenguaje desconocido y comunica el mensaje al cuerpo de Cristo.
- ❑ A veces, el mensaje puede ser profético.

Atributos:

- ❑ Adorador
- ❑ Sensible
- ❑ Devoto
- ❑ Responsable
- ❑ Espiritual
- ❑ Fiel

Advertencias:

- ❑ Debe recordar que el mensaje a interpretar debería reflejar la voluntad de Dios, no del hombre.
- ❑ Debe recordar que los dones son para la edificación de la iglesia.
- ❑ Debe usarlo ordenadamente, en combinación con el don de lenguas

Referencias: 1 Corintios 12:10; 14:5; 26-28

PALABRA DE CIENCIA

Sentido literal: Conocer.

Descripción: La capacidad divina de comunicar la verdad al cuerpo por medio de una revelación o reflexión bíblica.

Características:

- ❑ Recibe la verdad que le permite servir mejor al cuerpo.
- ❑ Escudriña las Escrituras, entiende la verdad.
- ❑ Tiene pensamientos o un entendimiento poco usual que sirve a la iglesia.
- ❑ Comunica la verdad de manera práctica.
- ❑ Obtiene conocimiento al que en ocasiones no se llega por medios naturales sino por revelación de Dios.

Atributos:

- ❑ Inquisitivo
- ❑ Sensible espiritualmente
- ❑ Observador
- ❑ Intuitivo
- ❑ Reflexivo
- ❑ Fiable

Advertencias:

- ❑ Debe tener cuidado que este don no lo lleve al orgullo (el conocimiento envanece)
- ❑ Debe recordar que está dando el mensaje de Dios a la iglesia, no el suyo propio.
- ❑ Debe recordar que con el incremento del conocimiento, viene el incremento del dolor (Eclesiastés 1:18)

Referencias: 1 Corintios 12:8; Marcos 2:6-8; Juan 1:45-50

LIDERAZGO

Sentido literal: Estar delante.

Descripción: La capacidad divina de desplegar la visión, motivar y dirigir a la gente hacia el cumplimiento armonioso de los propósitos de Dios.

Características:

- ❑ Guía al pueblo de Dios o los ministerios.
- ❑ Inspira a otros para que den lo mejor de su capacidad.
- ❑ Hace que la gente vea el cuadro completo.
- ❑ Ejemplifica los valores del ministerio.
- ❑ Se responsabiliza de establecer metas ministeriales.

Atributos:

- ❑ Influente
- ❑ Diligente
- ❑ Tiene visión
- ❑ Confiable
- ❑ Persuasivo
- ❑ Fijador de metas

Advertencias:

- ❑ Debe darse cuenta de que su credibilidad relacional toma tiempo y es crítica para un liderazgo efectivo.
- ❑ Debería recordar que un líder-siervo es el modelo bíblico a imitar y que el más grande es el que sirve a todos.
- ❑ No necesita estar en una posición de liderazgo para usar este don.

Referencias: Romanos 12:8; Hebreos 13:17; Lucas 22:25-26

MISERICORDIA

Sentido literal: Tener compasión.

Descripción: La capacidad divina de ayudar con alegría y de forma práctica a aquellos que sufren o están necesitados. La gente que tiene este don tiene una compasión que los mueve a la acción;

Características:

- ❑ Se enfoca en aliviar las fuentes de dolor o incomodidad entre la gente que sufre.
- ❑ Detecta las necesidades de los que están solos y olvidados.
- ❑ Extiende amor, gracia y dignidad a quienes pasan por crisis y dificultades.
- ❑ Sirve con alegría en circunstancias difíciles o desagradables.
- ❑ Se involucra en asuntos sociales que oprimen a la gente.

Atributos:

- ❑ Comprensivo
- ❑ Compasivo
- ❑ Sensible
- ❑ Amable
- ❑ Afectivo
- ❑ Dispuesto a compartir una carga

Advertencias:

- ❑ Debe darse cuenta de que a veces, rescatar a la gente de su dolor puede obstaculizar la obra de Dios en ella.
- ❑ Debe estar prevenido contra en sentimiento de «no ser apreciado» que puede generarse cuando la persona ayudada no muestra o expresa ningún aprecio o reconocimiento.
- ❑ Debe guardarse de no quedar resentido contra las fuentes que causan el dolor que sufren las personas.

Referencias: Romanos 12:8; Mateo 5:7; Marcos 10:46-52; Lucas 10:25-37

MILAGROS

Sentido literal: Hacer obras poderosas.

Descripción: La capacidad divina de autenticar el ministerio y el mensaje de Cristo a través de intervenciones sobrenaturales que glorifican a Dios.

Características:

- ❑ Habla la verdad de Dios que es autenticada por un milagro que estimula a otros a establecer una relación con Dios.
- ❑ Expresa confianza en la fidelidad de Dios.
- ❑ Cree que Dios manifestará su presencia.
- ❑ Ministra y predica el mensaje de Cristo con poder.
- ❑ Proclama que Dios es la fuente del milagro y lo glorifica.

Atributos:

- ❑ Audaz
- ❑ Aventurero
- ❑ Tiene autoridad
- ❑ Teme a Dios
- ❑ Convincente
- ❑ Orador
- ❑ Sensible

Advertencias:

- ❑ Debe recordar que los milagros no son causados necesariamente por fe.
- ❑ Debe evitar ver este don como una responsabilidad personal, recordando que es Dios quien determina el momento y lugar en el que se ha de manifestar.
- ❑ Debe cuidarse de no usar este don con propósitos egoístas.

Referencias: 1 Corintios 12:10; 28-29; Juan 2:1-11; Lucas 5:1-11

PROFECÍA

Sentido literal: Hablar sobre el futuro.

Descripción: La capacidad divina de revelar la verdad y proclamarla de modo oportuno y relevante con el fin de instar a entender, corregir, arrepentirse, o para edificar. Puede haber implicaciones inmediatas o futuras.

Características:

- ❑ Expone el pecado y el engaño en la vida otros de modo de proveer a la reconciliación.
- ❑ Habla una palabra de parte de Dios que produce convicción, arrepentimiento, y edificación.
- ❑ Ve la verdad que otros frecuentemente no ven y los desafía a responder.
- ❑ Advierte sobre el juicio de Dios en caso de que no haya arrepentimiento.
- ❑ Conoce el corazón de Dios y ministra desde la experiencia que Dios le ha hecho vivir.

Atributos:

- ❑ Tiene discernimiento
- ❑ Apremia a la gente
- ❑ Intransigente
- ❑ Franco
- ❑ Posee autoridad
- ❑ Convincente
- ❑ Confrontador

Advertencias:

- ❑ Debe ser consciente de que los oyentes pueden rechazar el mensaje si no se da con amor, con el propósito de edificar.
- ❑ Debe evitar el orgullo, lo que puede producir exigencias y un espíritu de desaliento que entorpece el don.
- ❑ Debe recordar que el discernimiento y las Escrituras deben apoyar y concordar con cada profecía.

Referencias: Romanos 12:6; 1 Corintios 12:10, 28; 13:2; 2 Pedro 1:19:21

PASTOR

Sentido literal: Pastorear el rebaño.

Descripción: La capacidad divina de nutrir, cuidar y guiar a la gente hacia la madurez espiritual y a ser como Cristo.

Características:

- ❑ Asume la responsabilidad de nutrir integralmente a la persona en su caminar con Dios.
- ❑ Guía y supervisa al pueblo de Dios.
- ❑ Ejemplifica con su vida lo que debe ser un verdadero seguidor de Jesucristo.
- ❑ Establece la confianza a través de fomentar relaciones personales a largo plazo.
- ❑ Guía y protege a aquellos que están dentro de su esfera de cobertura espiritual.

Atributos:

- ❑ Tiene influencia
- ❑ Es nutrido y nutre espiritualmente
- ❑ Guía
- ❑ Disciplina
- ❑ Protectivo
- ❑ Apoyo
- ❑ Establece relaciones

Advertencias:

- ❑ Debe ser consciente de que Dios juzgará a aquellos negligentes o a quienes abusen de su función como sobreveedores del rebaño.
- ❑ Debe ser consciente de que el deseo de guiar y alimentar al rebaño, muchas veces le hará difícil decir «NO».
- ❑ Debe aceptar que algunos de los que guía y cuida, eventualmente crecerán más allá de su propia habilidad de pastorearlos y necesitarán independizarse.

Referencias: Efesios 4:11-12; 1 Pedro 5:1-4; Juan 10:1-18

MAESTRO

Sentido literal: Instruir.

Descripción: La capacidad divina para entender, explicar claramente y aplicar la Palabra de Dios, haciendo que los oyentes tengan un gran deseo de ser como Cristo.

Características:

- ❑ Comunica la verdad bíblica inspirando obediencia a la Palabra.
- ❑ Desafía a los que oyen a poner en práctica las verdades de la Escritura.
- ❑ Enseña el consejo de Dios para lograr un cambio radical en las vidas.
- ❑ Presta atención a los detalles con precisión.
- ❑ Se prepara a través de extensos tiempos de estudio y reflexión.

Atributos:

- ❑ Disciplinado
- ❑ Perceptivo
- ❑ Enseñable
- ❑ Autoridad
- ❑ Práctico
- ❑ Analítico
- ❑ Estructurado

Advertencias:

- ❑ Debe evitar el orgullo que suele resultar del mayor conocimiento y entendimiento bíblicos que ostenta.
- ❑ Puede ser muy detallado en la enseñanza y fallar en la aplicación de la misma.
- ❑ Debe recordar que la espiritualidad no depende de cuánto se sabe.

Referencias: Romanos 12:7; 1 Corintios 12:28-29; Hechos 18:24-28; 2 Timoteo 2:2

LENGUAS

Sentido literal: Lengua, lenguaje hablado.

Descripción: La capacidad divina de hablar a la iglesia en una lengua desconocida.

Características:

- ❑ Recibe un mensaje espontáneo de parte de Dios el cual se da a conocer a través del don de la interpretación de lenguas.
- ❑ Transmite una palabra del Espíritu para edificar a la iglesia.
- ❑ Habla en un lenguaje que no ha aprendido o que no entienden.
- ❑ Adora a Dios con palabras desconocidas, demasiado profundas para que la mente las entienda.
- ❑ Experimenta una intimidad con Dios, que inspira a la gente a servir y a edificar a otros.

Atributos:

- ❑ Adorador
- ❑ Orador
- ❑ Sensible
- ❑ Confiable
- ❑ Devoto
- ❑ Espontáneo
- ❑ Receptivo

Advertencias:

- ❑ Debe permanecer en silencio en la iglesia, si no hay quien interprete.
- ❑ Debe evitar pretender que otros manifiesten este don, lo cual puede causar un problema de falta de autenticidad.
- ❑ Debe recordar que todos los dones son para edificar a otros.

Referencias: 1 Corintios 12:10; 28-30; 13:1; 14:1-33; Hechos 2:1-11

PALABRA DE SABIDURÍA

Sentido literal: Aplicar la verdad de modo práctico.

Descripción: La capacidad divina de aplicar efectivamente la verdad espiritual para satisfacer una necesidad específica.

Características:

- ❑ Se enfoca en las consecuencias habitualmente no vistas para determinar los pasos a seguir.
- ❑ Recibe entendimiento en cuánto a qué necesidades del cuerpo se precisa suplir.
- ❑ Provee soluciones divinamente inspiradas en medio del conflicto y la confusión.
- ❑ Escucha la dirección del Espíritu en cuanto a la voluntad de Dios para determinada situación.
- ❑ Aplica las verdades espirituales de forma práctica y específica.

Atributos:

- ❑ Sensible
- ❑ Perspicaz
- ❑ Práctico
- ❑ Sabio
- ❑ Justo
- ❑ Experimentado
- ❑ Sentido común

Advertencias:

- ❑ Puede fallar en compartir la sabiduría que Dios le ha dado.
- ❑ Debe evitar generar que otras personas dependan de él, lo que puede debilitar su fe en Dios.
- ❑ Debe ser paciente con otros que no tienen este don.

Referencias: 1 Corintios 12:8; 2:3-14; Santiago 3:13-18; Jeremías 9:23-24

GRUPOS: CÓMO CLARIFICAR LOS DONES

Instrucciones

1. Forma un grupo con dos o tres personas.
2. Clarifica más aun tu don o tus dones espirituales, discutiendo con el grupo:
   a. Tu don espiritual principal y por qué piensas que lo tienes.
   b. La precaución que debes tener cuando lo usas.
3. Escucha a los otros en tu grupo, cuando estén hablando sobre sus dones espirituales, para entender mejor cómo otros ven y usan sus dones.

PRECAUCIONES GENERALES

La primera precaución es la ________________ del don.

Cuando una persona proyecta su don espiritual sobre otros, esa persona está diciendo: «Hazlo a mi manera».

La segunda precaución es ________________ del don.

La elevación del don dice: «Tengo un don espiritual más importante que el tuyo».

LA HISTORIA DE LOS ANIMALES

RESUMEN

Algunas verdades importantes:

- No debemos ser ignorantes o inconscientes respecto a nuestros dones espirituales.
- La prueba final de la autenticidad de tus dones espirituales viene a través de la confirmación por medio del cuerpo de Cristo.
- Los dones espirituales tienen precauciones. Por eso necesitamos entender y desarrollar nuestros dones.
- La excelencia de tu ministerio pasa por usar tus dones espirituales.

«El poder del amor» y El valor de la personalidad»

sesión 4

Ustedes, por su parte, ambicionen los mejores dones.

1 Corintios 12:31 (NVI)

Tus ojos vieron mi cuerpo en gestación: todo estaba ya escrito en tu libro; todos mis días se estaban diseñando, aunque no existía uno solo de ellos.

Salmo 139:16 (NVI)

SERVIR CON AMOR

Ahora les voy a mostrar un camino más excelente.

1 Corintios 12:31

Primera Corintios 12 pone el fundamento teológico del servicio.

En 1 Corintios 13, ¡Pablo habla del ______________ como la manera en la que debemos servirnos unos a otros!

1 Corintios 13:1–3

*Si hablo en **lenguas** humanas y angelicales,*	[don espiritual]
pero no tengo amor,	[falta de amor]
no soy más que un metal que resuena o	
un platillo que hace ruido.	[no hay impacto]
*Si tengo el don de **profecía***	[don espiritual]
*y entiendo todos los misterios **sabiduría** y*	[don espiritual]
*poseo todo **conocimiento,** y si tengo*	[don espiritual]
*una **fe** que logra trasladar montañas,*	
pero me falta el amor	[falta de amor]
no soy nada.	[no hay impacto]
Si reparto entre los pobres	
***(pobreza voluntaria)** todo lo que poseo,*	[don espiritual]
y si entrego mi cuerpo para que lo	
*consuman las llamas **(martirio)**,*	[don espiritual]
pero no tengo amor,	[falta de amor]
nada gano con eso.	[no hay impacto]

Los dones espirituales expresados sin amor...

- No reflejan lo que Dios es
- No tienen un ________________ en el reino.

El amor es...

Paciente
Amable
No tiene envidia
No es jactancioso
No es orgulloso
No se comporta con rudeza
No es egoísta
No se enoja fácilmente
No guarda rencor
No se deleita en la maldad
Se regocija en la verdad
Todo lo disculpa
Todo lo cree
Todo lo espera
Todo lo soporta
Jamás se extingue

1 Corintios 13:4–8

SERVICIO Y SERVILISMO

	SERVICIO *Servir* ***con*** *amor*	**SERVILISMO** *Servir* ***sin*** *amor*
A. Servir por . . .	__________ *(quiero servir a Dios)*	__________ *(tengo que servir a Dios)*
B. Motivado por . . .	**Lo que Dios ve** *(sirve a una audiencia de uno)*	**Lo que otros ven** *(sirve para complacer a otros)*
C. Con la actitud de . . .	**Cueste lo que cueste** *(va más allá de las expectativas)*	**No es mi trabajo** *(hace lo mínimo)*
D. Los resultados son . . .	**Glorifica a Dios** *(dirige su atención a Dios y refleja humildemente a Cristo)*	**Glorifica al hombre** *(atrae la atención sobre sí mismo con orgullo, auto-promoviéndose)*

No debemos ser «siervos secretos».

> *Hagan brillar su luz delante de todos, para que ellos puedan ver las buenas obras de ustedes y alaben al Padre que está en el cielo.*
>
> Mateo 5:16

Un acto de servicio visible, hecho con amor, marca una diferencia en el reino. Jesús también dijo:

> *De este modo todos sabrán que son mis discípulos, si se aman los unos a los otros.*
>
> Juan 13:35

No seremos conocidos por nuestros dones espirituales sino por el amor que nos tenemos los unos a los otros.

Entonces, ¿qué tiene que ver el amor con el servicio?

¡______________________!

GRUPOS: SERVICIO

Instrucciones

1. Forma un grupo con dos o tres personas.

2. Que cada persona discuta uno de los aspectos del servicio (servir con amor) en el que les gustaría concentrarse.

3. Identifiquen una manera práctica para encaminarse hacia la consecución de esa meta.

Un aspecto del servicio en el que quiero concentrarme mientras sirvo es:

____

Un paso práctico que puedo dar para servir mejor es:

EL PERFIL DE SIERVO: EL ESTILO PERSONAL

Vamos a considerar tu estilo personal desde un punto de vista práctico. Se trata de tu *personalidad* o *temperamento*.

Comencemos mencionando las tres verdades acerca de nuestro estilo personal:

1. Dios es quien da el estilo personal.
2. No hay un estilo personal correcto y uno equivocado. Los estilos personales solo son diferentes.
3. El estilo personal responde a la pregunta «____________»: ¿de qué manera puedo servir mejor?

Tú creaste mis entrañas; me formaste en el vientre de mi madre. ¡Te alabo porque soy una creación admirable! ¡Tus obras son maravillosas, y esto lo sé muy bien! Mis huesos no te fueron desconocidos cuando en lo más recóndito era yo formado, cuando en lo más profundo de la tierra era yo entretejido. Tus ojos vieron mi cuerpo en gestación: todo estaba ya escrito en tu libro; todos mis días se estaban diseñando, aunque no existía uno solo de ellos.

Salmo 139:13–16 (NVI)

EVALUACIÓN DEL ESTILO PERSONAL.

Instrucciones

1. Lee cada declaración y pon un círculo en el número de la declaración que mejor describa qué preferirías hacer o ser. Si tienes una preferencia muy fuerte, pon un círculo en el 1 o el 5. Si es moderada, en el 2 o el 4.
   Recuerda: no hay una respuesta correcta o incorrecta.

2. NO respondas de acuerdo a lo que sientes que se esperaría de un esposo, familiar, líder de la iglesia, o empleador.

3. Selecciona un comportamiento o perspectiva que te surgiría naturalmente si supieras que no existen restricciones o consecuencias por tu expresión personal.

4. Cuando termines de completar tu evaluación, suma los resultados de tus «E» y tus «O». Luego, ve a la página 109 y pon tus resultados en el gráfico provisto. Fijate dónde estás ubicado en la tabla.

EVALUACIÓN DEL ESTILO PERSONAL

¿Cómo te energizas?

1. Me siento más cómodo...

Haciendo cosas para la gente	1	2	3	4	5	*Estando con la gente*

2. Cuando hago una tarea, tiendo a...

Enfocarme en la meta	1	2	3	4	5	*Enfocarme en las relaciones*

3. Me entusiasma más...

Hacer progresar una causa	1	2	3	4	5	*Crear una comunidad*

4. Siento que he logrado algo cuando...

Termino un trabajo	1	2	3	4	5	*Construyo una relación*

5. Es más importante empezar una reunión...

A tiempo	1	2	3	4	5	*Cuando todos hayan llegado*

6. Me preocupa más...

Cumplir con un plazo de entrega	1	2	3	4	5	*Mantener el equipo*

7. Valoro mucho...

La acción	1	2	3	4	5	*La comunicación*

¿Cómo te energizas? **E=** **TOTAL**

EVALUACIÓN DEL ESTILO PERSONAL

¿Cómo te organizas?

1. En la vida, generalmente prefiero...

Ser espontáneo	1	2	3	4	5	*Seguir un plan pre-establecido*

2. Prefiero... Establecer normas...

Generales	1	2	3	4	5	*Específicas*

3. Prefiero...

Dejar opciones abiertas	1	2	3	4	5	*Determinar todo ahora*

4. Prefiero los proyectos que tienen...

Variedad	1	2	3	4	5	*Rutina*

5. Me gusta...

Tocar de oído	1	2	3	4	5	*Apegarme a un plan*

6. La rutina me parece...

Aburrida	1	2	3	4	5	*Apacible*

7. Termino mejor una tarea...

Improvisando mientras la hago	1	2	3	4	5	*Siguiendo un plan*

¿Cómo te organizas? **O=** **TOTAL**

EVALUACIÓN DEL ESTILO PERSONAL

Cómo encontrar tu estilo preferido

Usa el gráfico de la página siguiente:

1. Toma el número total que obtuviste en tu escala de «O» (página 107), y marca con una X el punto en donde te encuentras en la línea horizontal (Estructurado / No estructurado).
2. Toma el número total que obtuviste en tu escala de «E» (página 106) y marca con una X el punto en donde te encuentras en la línea vertical. (Orientado hacia las tareas / Orientado hacia la gente).
3. Junto a la escala «O», dibuja una línea de arriba abajo a través de la X que pusiste allí (mira el ejemplo de abajo).
4. Junto a la escala «E», dibuja una línea que cruce a través de la X que pusiste allí (mira el ejemplo de abajo).
5. Tu estilo personal queda indicado por el punto de intersección donde se cruzan las dos líneas (mira el ejemplo de abajo).

Ejemplo:

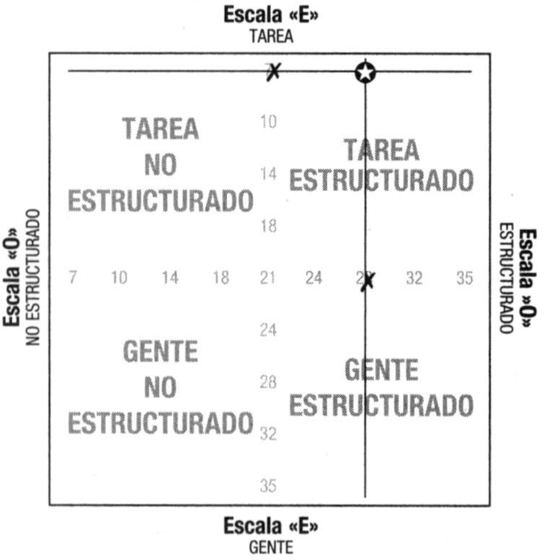

EVALUACIÓN DEL ESTILO PERSONAL.

Tu estilo preferido

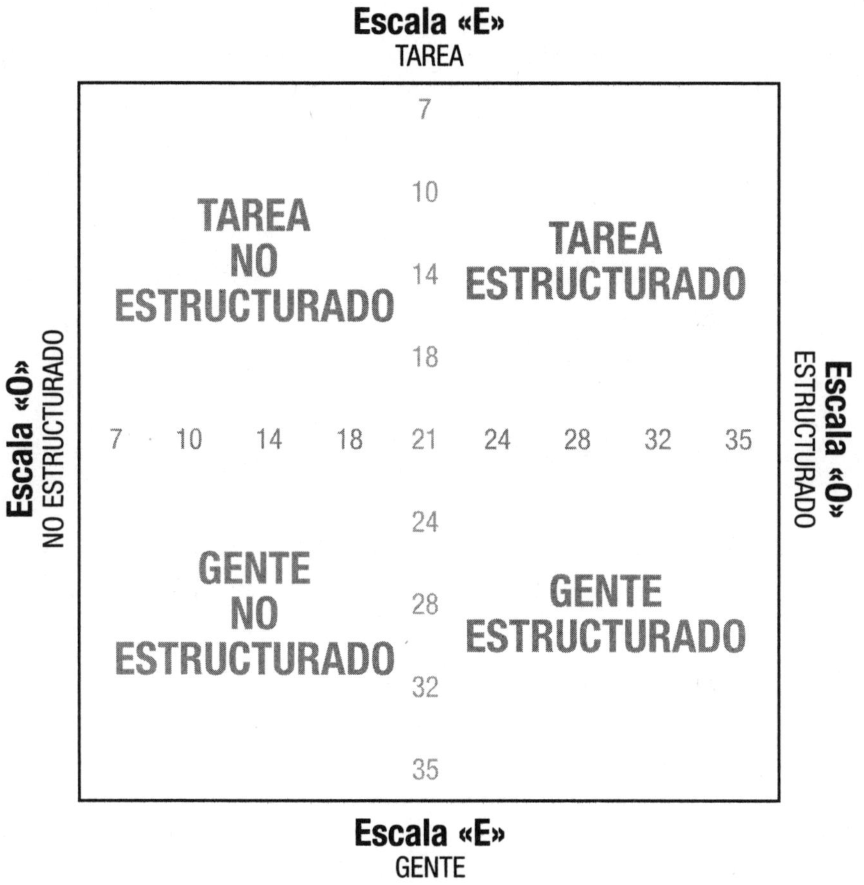

¿Cuál de los cuatro estilos personales tienes?

Mi estilo personal es

____

(Tarea o Gente) **(Estructurado o no estructurado)**

«La influencia de la pasión»

sesión 5

...pues Dios es quien produce en ustedes tanto el querer como el hacer para que se cumpla su buena voluntad.

Filipenses 2:13 (NVI)

Deléitate en el SEÑOR, y él te concederá los deseos de tu corazón.

Salmo 37:4 (NVI)

DESCRIPCIÓN DEL ESTILO PERSONAL

EL ESTILO PERSONAL

El estilo personal indica la manera en que prefieres relacionarte con la gente y con el mundo que te rodea.

Servir de una manera inconsistente con tu estilo personal hará que tarde o temprano:

- Desarrolles relaciones que no son genuinas.
- Descienda tu motivación.
- Te desgastes.

Los dos elementos clave de tu estilo personal:

- ¿Cómo te energizas?
- ¿Cómo te organizas?

NOTA: Si no estás seguro, repasa rápidamente los resultados de tu «*Evaluación del estilo personal*» en la página 111 de tu Guía del participante.

TU ESTILO PERSONAL

1. ¿Cómo te energizas?

- Refleja cómo recibes y enfocas tu energía emocional.
- Indica de qué modo prefieres interactuar con la gente y las tareas.

¿Eres una persona orientada hacia las tareas u orientada hacia la gente?

ORIENTADO HACIA LAS TAREAS

↕

ORIENTADO HACIA LA GENTE

Gente orientada hacia las tareas:

- Adquiere energía:
  haciendo cosas,
  completando tareas,
  trabajando con otra gente con la que comparte el compromiso de la tarea.
- Puede sentirse abochornada o frustrada si tiene que realizar un montón de actividades relacionales.

Gente orientada hacia la gente:

- Adquiere energía mediante:
  las relaciones interpersonales,
  interactuando con la gente,
  el trabajo en equipo con otra gente.
- Puede sentirse abochornada si tiene que realizar un montón de tareas.

¡AMBOS valoran el desarrollar relaciones y lograr metas!

2. ¿Cómo te organizas?

- Esto refleja cómo prefieres organizar tu mundo.

> *¿Eres una persona «no estructurada», o más bien, «estructurada»?*
>
> **NO ESTRUCTURADA** **ESTRUCTURADA**

La gente no estructurada:

- Es desorganizada.
- Se interesa menos en ser precisa.
- Prefiere las muchas opciones y la flexibilidad.
- Prefiere la variedad de actividades.
- Se siente cómoda en las situaciones indefinidas.
- Le gustan las relaciones personales espontáneas.

La gente estructurada:

- Le gusta organizar todo.
- Planifica y ordena su vida.
- Disfruta de las relaciones estables y consistentes.
- Toma decisiones y procura finalizar las cosas.
- Es más detallada.
- Le gustan las cosas claramente definidas.

¡AMBOS valoran el ser organizados!

PRECAUCIÓN

El *estilo personal* explica nuestra conducta, ¡pero no la _______________!

No estructurado para realizar tareas

Tiendes a:

- Preferir los lineamientos muy generales.
- Ser versátil
- Conseguir rersultados tangibles
- Ayudar donde sea que se necesite

Las oportunidades de servicio podrían ser:

- Programación y detalle del salón.
- Organización de eventos especiales
- Proyectos del equipo de edificación.

Estructurado para realizar tareas

Tiendes a:

- Terminar el trabajo
- Enfocarte en los resultados
- Ceñirte a una agenda
- Apreciar las instrucciones claras

Las oportunidades de servicio podrían ser:

- Equipo de sonido e iluminación
- Recoger y contar la ofrenda.
- Escenificación teatral.

No estructurado orientado hacia la gente

Tiendes a:

- Ser muy conversador
- Ser flexible
- Relacionarte bien con otros
- Disfrutar situaciones espontáneas

Las oportunidades de servicio podrían ser:

- Atender llamados de gente en crisis
- Dar la bienvenida a la gente
- Centro de información

Estructurado orientado hacia la gente

Tiendes a:

- Proyectar calidez
- Preferir las relaciones personales definidas
- Relacionarte bien con otros
- Disfrutar de los entornos familiares

Las oportunidades de servicio podrían ser:

- Líder de grupo pequeño
- Equipo de membresía
- Asimilación de estrategias

LAS ZONAS DE COMODIDAD

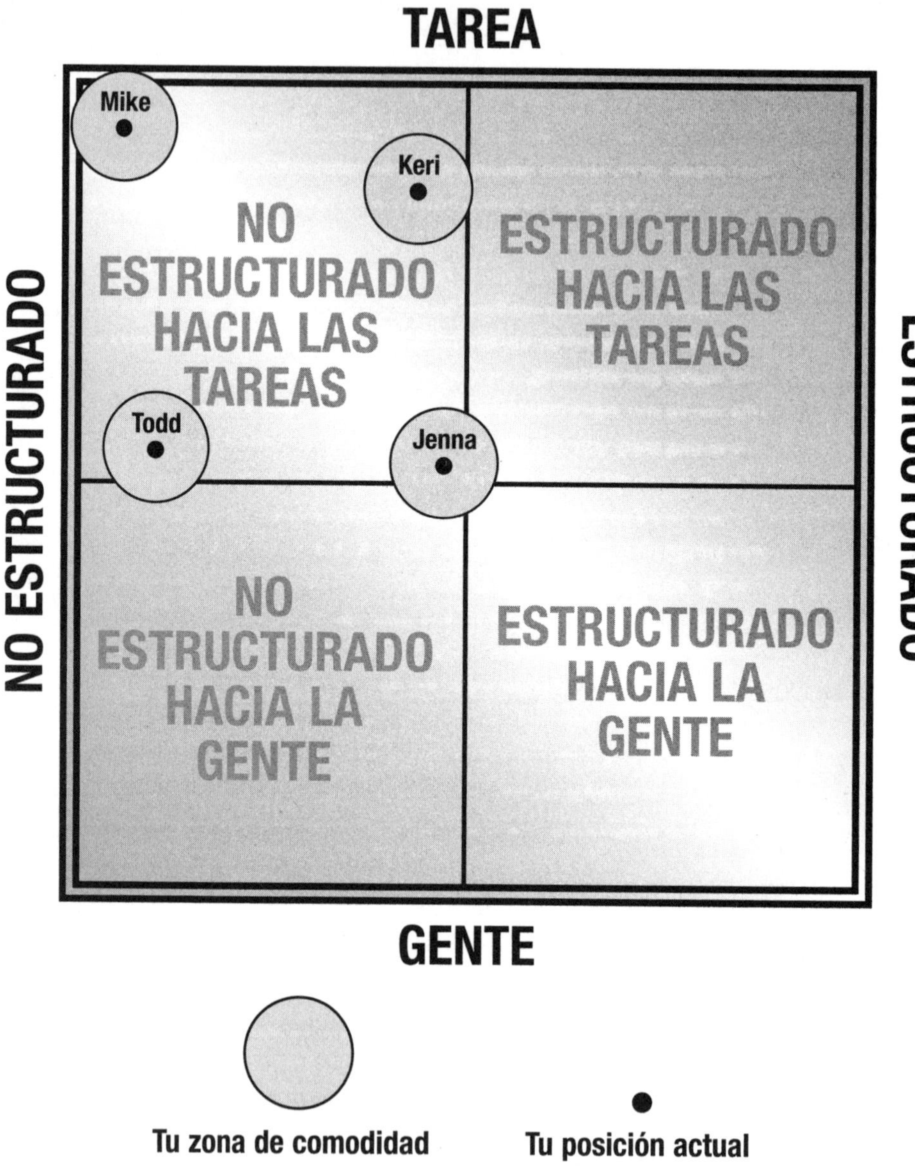

Tu zona de comodidad es donde gozas de bienestar y te sientes protegido.

RESUMEN DEL ESTILO PERSONAL

A. ____

B. ____

Conoce las preferencias de tu estilo personal... ¡y exprésalas siempre que tengas la oportunidad de hacerlo!

EL PERFIL DE SIERVO: LA PASIÓN MINISTERIAL

Dios se interesa por cada necesidad.

Dios escogió una parte de su *corazón*... y la puso en tu corazón... en forma de Pasión Ministerial.

LA PASIÓN MINISTERIAL

La pasión ministerial es un deseo sincero del corazón que nos compele a marcar una diferencia en el reino de Dios.

Nuestra pasión puede consistir en...

Corregir o enderezar lo que está mal.

Satisfacer una necesidad.

Resolver un problema.

Servir a una causa.

Cambiar una vida.

Las tres verdades acerca de la *pasión ministerial*:

1. Dios es quien da la pasión ministerial.

2. No hay una pasión ministerial correcta y otra equivocada. Las pasiones ministeriales sólo son diferentes.

3. La pasión ministerial responde a la pregunta: ¿__________?: «¿Dónde sirvo»?

Dios tiene una gran pasión por *nosotros*...

> *Porque tanto amó Dios al mundo, que dio a su Hijo unigénito...*
>
> Juan 3:16

Dios tiene también un propósito al poner una determinada pasión en nuestros corazones...

> *Pues Dios es quien produce en ustedes tanto el querer como el hacer para que se cumpla su buena voluntad.*
>
> Filipenses 2:13

El salmista lo pone de este modo:

> *Confía en el Señor y haz el bien; establécete en la tierra y mantente fiel. Deléitate en el Señor, y* ***él te concederá los deseos de tu corazón.***
>
> Salmo 37:3–4

Jesús mismo, promete...

> *Si permanecen en mí y mis palabras permanecen en ustedes, pidan lo que quieran, y se les concederá.*
>
> Juan 15:7

La Pasión Ministerial que Dios le había dado al apóstol Pablo era la de predicar a los gentiles (Gálatas 1:15-16).

Otras palabras que puedes usar para comunicar tu Pasión Ministerial son:

PALABRAS CLAVE DE LA PASIÓN MINISTERIAL		
enojo	tarea	carga
llamado	compasión	destino
sueño	energía	voluntad de Dios
impacto	inspirado	legado
motivado	pasión	propósito
significado	visión	

Recuerda... las Pasiones Ministeriales NO son dones espirituales.

Los dones espirituales son tareas o funciones que tú desarrollas. Son lo que tú haces.

Las Pasiones Ministeriales son los sentimientos y deseos que te ____________________a servir en un ministerio en particular.

EVALUACIÓN DE LA PASIÓN MINISTERIAL

El propósito de esta evaluación es ayudarte a identificar y articular la Pasión Ministerial que Dios te ha dado. Como resultado, estarás más motivado y entusiasmado en tu vida y tu ministerio.

Instrucciones

Esta es una actividad individual.

1. Tal vez no puedas responder a todas las preguntas. Está bien. La evaluación ha sido diseñada para explorar una variedad de formas en las que Dios nos habla acerca de nuestra *Pasión Ministerial*. Es probable que Él te haya hablado en alguna de estas maneras, pero no en todas.
2. Responde cada una de las preguntas con una oración completa.
3. Dado que este es un ejercicio individual, completa la evaluación por ti mismo. (Puedes hablar con otros después de finalizarlo)
4. No hay respuestas correctas e incorrectas. Tienes permiso para decir lo que hay en tu corazón.
5. En este punto, no consideres si puedes hacerlo o cómo podrías hacerlo. Todo lo que necesitas hacer ahora es *mencionarlo*.
6. Asume que no hay obstáculos que te impidan satisfacer el deseo de tu corazón (*la Pasión Ministerial*). Asume que todo está bajo control... la familia, el dinero, la carrera, el tiempo, etc.

EVALUACIÓN DE LA PASIÓN MINISTERIAL

1. Si pudieras hacer un chasquido de dedos y ordenar que alguien te asegure el éxito; ¿qué harías por los demás?

____

____

2. ¿Qué cosas ves seguido y te producen enojo y hartazgo, y que si cambiaran, Dios sería glorificado y la gente edificada?

____

____

3. Me importan algunas cosas más que otras. Lo que más me interesa es...

____

____

4. Al final de mi vida, me encantaría mirar hacia atrás y saber que he hecho...

____

____

5. Usa el cuadro de la página siguiente para ayudarte a descubrir un tema en tu vida que pueda darte una pista sobre cuál es tu Pasión Ministerial.

Haz una lista con las cinco o siete experiencias más importantes y positivas de tu vida. Describe brevemente qué has logrado y por qué han significado tanto para ti.

NOTA: *Tus experiencias pueden haber ocurrido en casa, en el trabajo, en la escuela o durante tu tiempo libre. Puede ser un reloj que arreglaste o un vestido que confeccionaste. Puede ser un rompecabezas que armaste o un premio que recibiste. Puede haber sido ayudar a un amigo a mudarse, construir una casa, ganar una elección o darle a alguien en necesidad. Recuerda, pon en la lista las experiencias que hayas disfrutado más y te hayan hecho sentir pleno.*

	EXPERIENCIA POSITIVA	¿Por qué esta experiencia significó tanto para mí?	Tema identificado
A			
B			
C			
D			
E			
F			
G			

Revisando tus respuestas a las preguntas 1 a 5, ¿qué temas o patrones parecen ser más evidentes y repetitivos?

Temas recurrentes . . .

- ____
  ____
- ____
  ____

6. Algunas Pasiones Ministeriales se centran alrededor de un grupo de gente o tema social en común. Considera estas listas e indica cualquiera que toque tu corazón. Si no deseas marcar una diferencia en ninguna de estas áreas, está bien.

Grupos de gente:

Bebés y párvulos	Madres adolescentes	Mujeres necesitadas
Padres	Desempleados	Prisioneros
Niños	Padres solos	Viudos
Matrimonios jóvenes	Nido vacío	Ancianos
Pobres	Jóvenes	Estudiantes de colegio
Solteros	Refugiados	Gente sin hogar
Discapacitados	Hospitalizados	
____________	____________	____________

Temas sociales:

Medio ambiente	Alfabetización	Violencia
Educación	Evangelismo	Pobreza
Hambre	SIDA	Injusticia
Tecnología	Familia	Educación
Homosexualidad	Política	Racismo
Economía	Salud	Aborto
Nutrición	Cuidado de niños	
Adicciones		
____________	____________	____________

7. Basado en las respuestas de tu evaluación, ¿cuál de estas categorías de Pasión Ministerial te refleja mejor?

MARCA AQUÍ	CATEGORÍAS DE PASIÓN	DESCRIPCIÓN
	Ministerios de celebración	El corazón de estos ministerios está dirigido hacia Dios, conectando a la iglesia con la palabra, la adoración, las canciones, el arte, etc.
	Ministerios de alcance	El corazón de estos ministerios se enfoca en relacionarse y conectarse con los no creyentes a fin de que puedan llegar a tener una relación con Cristo.
	Ministerios de conexión	El corazón de estos ministerios se enfoca en llevar a los visitantes, asistentes y miembros a una relación más profunda con Cristo y con la iglesia local, a través de la hospitalidad, la comunión, el aliento y la pertenencia.
	Ministerios de equipamiento	El corazón de estos ministerios es ayudar a los creyentes a madurar en el área de sus dones, ministerio, entrenamiento y liderazgo. Sirve a gente de todas las edades y se basa en la afinidad, estableciendo grupos para el crecimiento, responsabilidad mutua y servicio.
	Ministerios de asistencia	El corazón de estos ministerios es asistir a la gente de la iglesia y la comunidad en sus necesidades físicas, emocionales, relacionales y espirituales, a través de la gracia, el amor y los recursos del Reino.
	Ministerios de apoyo	El corazón de estos ministerios consiste en quitar los obstáculos prácticos, a fin de que otros ministerios puedan funcionar. De este modo, los ministerios que reciben apoyo pueden enfocarse en su labor específica. Poseen una estructura de sistemas y procedimientos para servir y apoyar a la gente y a los demás ministerios.

RESUMEN

8. En este momento, diría que...

Mi pasión ministerial es.......................

Mi categoría de pasión ministerial es:

«La promesa de ministerio»

sesión 6

Por tanto, también nosotros, que estamos rodeados de una multitud tan grande de testigos, despojémonos del lastre que nos estorba, en especial del pecado que nos asedia, y corramos con perseverancia la carrera que tenemos por delante.

Hebreos 12:1 (NVI)

Porque somos hechura de Dios, creados en Cristo Jesús para buenas obras, las cuales Dios dispuso de antemano a fin de que las pongamos en práctica.

Efesios 2:10 (NVI)

GRUPOS: CÓMO CLARIFICAR TU PASIÓN MINISTERIAL

Instrucciones

1. Escribe tu pasión ministerial en el espacio provisto en la siguiente página.
2. Forma un grupo con dos o tres personas más.
3. Comparte con el grupo tu Pasión Ministerial y cómo te sientes cuando la realizas.
4. Luego, escucha y responde las preguntas que los miembros del grupo te hagan respecto a tu Pasión Ministerial.
5. Usa el espacio provisto en esta página para escribir palabras, frases o ideas adicionales que te ayuden a entender mejor tu Pasión Ministerial.

Escribe tu Pasión Ministerial aquí (de la página 127):

Tengo pasión por / para...

Escribe palabras adicionales, frases, o ideas que haya expresado el grupo:

¿Establecerías tu pasión de modo diferente, a la luz de las preguntas y comentarios del grupo? Si es así, reescribe tu pasión ministerial aquí:

Mi Pasión Ministerial es...

____

____

Categoría pasión: (mira en la página 126)

____

____

POSIBLES BARRERAS

Puede que no seas capaz de describir claramente tu Pasión Ministerial porque está inhibida, confundida o distorsionada. Algunas barreras comunes pueden ser:

- Baja autoestima
- Orgullo
- Pecados no confesados.

Algunas personas tienen miedo de mencionar su pasión ministerial debido a que tienen miedo al:

- Rechazo
- Responsabilidad
- Fracaso
- Éxito

Dios te ha dado una pasión ministerial como parte del propósito de tu vida.

> *Por tanto, también nosotros, que estamos rodeados de una multitud tan grande de testigos, despojémonos del lastre que nos estorba, en especial del pecado que nos asedia, y corramos con perseverancia la carrera que tenemos por delante.*
>
> Hebreos 12:1 (NVI)

> *Porque somos hechura de Dios, creados en Cristo Jesús para buenas obras, las cuales Dios dispuso de antemano a fin de que las pongamos en práctica.*
>
> Efesios 2:10 (NVI)

TU *PERFIL DE SIERVO*

El *perfil de siervo* ensambla:

- Tus dones espirituales
- Tu estilo personal
- ¡Cualquier pasión ministerial!

Recuerda, puedes tener...

- Cualquier don espiritual con
- Cualquier estilo personal con
- Cualquier pasión ministerial

Instrucciones

Ahora vas a ensamblar tu perfil de siervo. Esta es una actividad individual.

1. En la siguiente página, escribe los que tú entiendes son tus tres dones espirituales principales (de la página 68).
2. Escribe tu estilo personal (de la página 109)
3. Escribe tu pasión ministerial (de la página 131) Luego, escribe la categoría de tu pasión ministerial que pusiste en la página 127.

TU PERFIL DE SIERVO

EJEMPLOS:

Brenda

Jason

Ejemplos de posibilidades ministeriales

Situación 1: MISMO don... DIFERENTE pasión.

	DARON	WENDY
Dones espirituales	*1. Enseñanza*	*1. Enseñanza*
Estilo personal	*No estructurada hacia las tareas*	*Estructurada hacia la gente*
Pasión ministerial	*Ministerios de compañerismo / Adultos mayores*	*Ministerios de discipulado*
Posibles áreas de servicio	• *Escribir programas de auto-entrenamiento.* • *Dirigir estudios bíblicos en hogares de retiro.*	• *Liderar grupos pequeños* • *Tutoría* • *Enseñar en la clase para nuevos creyentes.*

Situación 2: MISMA pasión… DIFERENTES dones.

	RYAN	MELINDA
Dones espirituales	*1. Administración* *2. Ayuda*	*1. Dar* *2. Hospitalidad*
Estilo personal	*No estructurada hacia las tareas*	*Estructurada hacia la gente*
Pasión ministerial	*Ministerios de atención / Niños que enfrentan dificultades en la vida*	*Ministerios de atención / Niños que enfrentan dificultades en la vida*
Posibles áreas de servicio	• *Organizar eventos para niños con padres divorciados.* • *Identificar y atraer recursos y gente para satisfacer la necesidad*	• *Financiar un programa o materiales.* • *Apoyar el programa de trabajo voluntario abriendo su casa para reuniones de oración.*

Identificar tu lugar de servicio es más un *arte* que una ciencia.

Cuando puedes servir y expresar fielmente tu *perfil de siervo* (tus dones, estilo y pasión), se da una situación de buena

«______________________________.»

GRUPOS: TUS POSIBILIDADES MINISTERIALES

Instrucciones

1. Escribe tu perfil de siervo en la página 139.
2. Forma un grupo con dos o tres personas más.
3. Decidan quién va a comenzar en el grupo. Dirá cada uno su perfil de siervo. Mientras escuchas, escribe sus nombres, dones, estilo y pasión en los espacios en blanco de uno de los *Perfiles* de la página 140. Cuando sea tu turno, usa el *Perfil* de la página 139.
4. Enfócate en esa persona que permanece en silencio mientras los otros miran en sus *perfiles de siervo* y sugiere posibilidades ministeriales que reflejen los dones que Dios les ha dado, su estilo y su pasión.
5. Al hacer la lista de posibilidades, no se limiten a posiciones y ministerios que ya conocen, sino que imaginen lo que podrían hacer si sirvieran en posiciones o ministerios en los que no han pensado antes. No se limiten a los ministerios que puedan o no tener sus iglesias, denominaciones, ministerios o comunidades. ¡Dios puede querer crear algo nuevo!
6. Después de 4 minutos, la próxima persona mencionará su *perfil de siervo* y el grupo hará la lista de las posibilidades ministeriales. Cada persona debería contar con 4 minutos, antes de continuar la rotación.

NOTA: Obtengan la mayor cantidad posible de ideas ministeriales. No consuman demasiado tiempo del grupo en debatir demasiado una sola sugerencia.

Algunas de las posibilidades ministeriales

1. ______ 6. ______
2. ______ 7. ______
3. ______ 8. ______
4. ______ 9. ______
5. ______ 10. ______

Inspecciona las sugerencias que se dieron como *«posibilidades ministeriales»*, y pon un círculo en las dos o tres que más te interesen.

DONES
ESPIRITUALES
1.
2.
3.
ESTILO PERSONAL
PASIÓN MINISTERIAL
Categoría de la pasión
Nombre:

DONES
ESPIRITUALES
1.
2.
3.
ESTILO PERSONAL
PASIÓN MINISTERIAL
Categoría de la pasión
Nombre:

DONES
ESPIRITUALES
1.
2.
3.
ESTILO PERSONAL
PASIÓN MINISTERIAL
Categoría de la pasión
Nombre:

Factores que impactarán el próximo paso:

- Disponibilidad de tiempo.
- Madurez espiritual.

La disponibilidad y la madurez determinan si deberías hacer una

- «contribución única».
- «contribución comunitaria».

Contribución única

- se da cuando sirves en un lugar que refleja tu *perfil de siervo*.

Contribución comunitaria.

- Servir en donde no reflejas tu *perfil de siervo*.
- Servir de modo general.

Una vida de servicio

Los creyentes deben ser adoradores de por vida (Juan 4:20-24)

... no simplemente adoradores de fin de semana que se toman vacaciones de verano.

Los creyentes deben ser mayordomos de por vida (Mateo 25:14-30)

... no solo personas que dan una moneda como si fuera una limosna a Dios.

Los creyentes deben servir de por vida (1 Pedro 4:10; Romanos 12:1)

... no solo siervos temporales que rotan por turnos.

¡La adoración, el servicio y la mayordomía se aplican a cada creyente!

... joven y viejo
... soltero y casado
... educado y no educado
... empleado o desempleado
... hombre o mujer

¡Sí, el servicio es para toda la vida... para ________ creyente!

EL CÍRCULO DE LOS DONES

¿Cuál don espiritual has identificado como tu principal?

- Administración
- Apostolado
- Artesanía
- Comunicación creativa
- Discernimiento
- Aliento
- Evangelismo
- Fe
- Dar
- Sanidad
- Ayuda
- Hospitalidad
- Intercesión
- Interpretación
- Conocimiento
- Liderazgo
- Misericordia
- Milagros
- Profecía
- Pastor
- Enseñanza
- Lenguas
- Sabiduría
- Cualquier otro don espiritual...

¡Dios sólo nos hace responsables por los dones espirituales que nos ha dado!

Cómo maximizar tu experiencia de entrenamiento

Tu consejero te ayudará a dar el próximo paso en tu camino hacia un ministerio fructífero y pleno. Asegúrate de convenir una cita con tu consejero, lo más pronto posible.

1. Antes de encontrarte con tu consejero

   - Ora por sabiduría y discernimiento para ambos.
   - Repasa tu perfil de siervo y prepárate a discutir con tu consejero tus dones espirituales, tu estilo personal y tu pasión ministerial.
   - Reflexiona sobre la información referida a tu disponibilidad de tiempo y tu madurez espiritual (páginas 147-48).
   - Completa la *Encuesta de recursos personales,* si todavía no lo has hecho (páginas 160-63).
   - Identifica de 3 a 5 ministerios que sientas que reflejan tu perfil de siervo y que te interesen.

- Discute con tu consejero, cuál es el que más te conviene para comenzar ahora.

2. Si por alguna razón no eres capaz de asistir a tiempo a la cita, notifícale lo antes que puedas. Tu consideración será altamente apreciada.
3. Después de la cita, contáctate con el ministerio que hayas elegido, dentro de los primeros 10 días posteriores a la misma, cuando todavía estén frescas las ideas y asuntos discutidos.
4. Continúa orando, a medida que se desarrolla el proceso de búsqueda y reflexión respecto a tu posición ministerial.
5. Si tienes una pregunta, llama a tu consejero. Él está para servirte a lo largo del proceso ¡es su ministerio!

La disponibilidad de tiempo y la madurez espiritual

DISPONIBILIDAD DE TIEMPO

Nuestra época o etapa de la vida puede afectar nuestra disponibilidad.

- ¿Tienes niños pequeños?
- ¿Eres casado?
- ¿Eres soltero?
- ¿Soltero con hijos?
- ¿Cuánto viajas para ir al trabajo?
- ¿Cuán lejos vives del lugar de tu potencial ministerio?
- ¿En qué actividades comunitarias estás actualmente involucrado?

Apoyamos una vida equilibrada... ¡y eso incluye servir al Señor!

Después de evaluar tu actual disponibilidad de tiempo, ¿te decidirás a comenzar a hacer tu aporte único en el ministerio? ¿Te «harás» el tiempo? Si no puedes, aún podrías encontrar un lugar que se adapte mejor a tu agenda haciendo una contribución comunitaria (página 141).

Usando el cuadro de abajo, coloca una marca, indicando la cantidad de tiempo que puedes comprometer para servir de acuerdo con tu perfil de siervo.

MARCA AQUÍ	TIEMPO DISPONIBLE	DESCRIPCIÓN
	No disponible	No puedo servir en este momento. No estoy seguro dónde y cómo podría servir con mi tiempo
	Limitado	1-2 horas por semana
	Moderado	2-4 horas por semana
	Amplio	4 o más horas por semana

MADUREZ ESPIRITUAL

Toma una fotografía de tu actual relación con Cristo. Usando el cuadro de abajo, coloca una marca, indicando cómo caracterizarías tu nivel actual de madurez espiritual.

MARCA AQUÍ	MADUREZ ESPIRITUAL	DESCRIPCIÓN
	Buscador/Inseguro	No estoy seguro acerca de cómo describir mi situación espiritual actual (discutir con el consejero)
	Nuevo/Joven	Recién me he convertido o he sido cristiano por poco tiempo y recientemente he entendido lo que significa tener una relación personal con Cristo.
	Estable/Creciendo	Soy un cristiano que adora, tiene comunión con otros cristianos, y da regularmente. Voy en búsqueda de una mayor devoción a Cristo. Soy enseñable y sensible a la dirección del Espíritu Santo en mi vida.
	Ejemplo/Liderazgo	Soy un fiel y devoto seguidor de Jesucristo. Soy maduro y camino confiadamente con Dios de modo que soy ejemplo para otros.

Mi plan de ministerio... «Próximos pasos»

Al terminar este curso, haré lo siguiente:

❑ Programaré una cita con un consejero de *La Red*.

¿Cuándo?_______________________________

❑ Oraré acerca de la lista de oportunidades ministeriales e identificaré los tres ministerios que me interesen más.

¿Cuándo?_______________________________

❑ Contactaré a los líderes de ministeriales para discutir las oportunidades de servicio que mejor reflejen mi perfil de siervo.

¿Cuándo?_______________________________

❑ Me comprometeré a servir en un ministerio.

¿Cuándo?_______________________________

❑ Necesito: _______________________________

¿Cuándo?_______________________________

- ❑ Necesito: ______________________________

  ¿Cuándo?______________________________

¡Creados y llamados para glorificar a Dios y edificar a otros!

Los dones espirituales NO son...

1. Talentos naturales
   (cocinar, hacer deportes, etc.)

TALENTOS NATURALES	DONES ESPIRITUALES
Son dados con el nacimiento físico	***Son dados con el nacimiento espiritual***
Son dados a toda la gente	***Son dados a los creyentes***
A veces, un talento puede ser transformado por el Espíritu Santo: *Gerente* ›››➡ *en* ›››➡ *líder, administrador* *Vendedor* ›››➡ *en* ›››➡ *evangelista* *Cantante* ›››➡ *en* ›››➡ *comunicador creativo* *Carpintero* ›››➡ *en* ›››➡ *artesano*	
Tanto los talentos naturales como los dones espirituales deben ser identificados y desarrollados.	

2. El fruto del Espíritu
(amor, gozo, paz, etc., Gálatas 5:22-23)

FRUTO DEL ESPÍRITU	DONES ESPIRITUALES
»Son» cualidades	*»Hacen» cualidades*
Actitudes	*Aptitudes*
Son consecuencia de un sano caminar con Dios	*Habilidades sobrenaturales dadas por el Espíritu Santo.*
Son necesarios para la efectividad en el ministerio	*Son necesarios para la efectividad en el ministerio*

3. Posiciones en la iglesia local
(pastor, maestro de escuela dominical, etc.)

MINISTERIO POSICIÓN/TITULO	DONES ESPIRITUALES
Pastor	*Enseñanza, apostolado, liderazgo, pastor*
Maestro de escuela dominical	*Aliento, hospitalidad, pastor, enseñanza*
Líder de la iglesia	*Apostolado, evangelismo, pastor, liderazgo*

4. Disciplinas cristianas
(ayuno, meditación, estudio, diezmo, etc.)

DISCIPLINA CRISTIANA	DONES ESPIRITUALES
Todas deberían ser practicadas por el creyente.	*Unos pocos son practicados por el creyente*
Edifican al creyente	*Edifican a la Iglesia, el cuerpo de Cristo*
Cada cristiano debe ejercitar todas las disciplinas	*Cada cristiano debe expresar sus dones espirituales*

Apéndice E

Ejemplo de una lista de Pasiones Ministeriales

1. Aborto
2. Mujeres abusadas
3. Recuperación de adicciones
4. SIDA
5. Animales
6. Orden y belleza
7. Fortalecimiento de la autoestima
8. Mujeres de carrera
9. Cuidado de niños
10. Niños
11. Niños necesitados
12. Iglesia
13. Efectividad de la iglesia
14. Renovación de la iglesia
15. Estudiantes del colegio
16. Conectar gente
17. Intervención en crisis
18. Discapacitados
19. Discipulado
20. Divorcio
21. Economía
22. Educación
23. Ancianidad
24. Nidos vacíos
25. Medio ambiente
26. Familia
27. Compañerismo
28. Cuidado de la salud
29. Ayuda a adultos lastimados
30. Ayuda al que no tiene ayuda
31. Gente sin hogar
32. Homosexualidad
33. Hospitalidad
34. Hospitales
35. Hambre
36. Creyentes inmaduros
37. Bebés y párvulos
38. Injusticia
39. Ministerio internacional
40. Desarrollo de Liderazgo
41. Alfabetización
42. Hacer funcionar sistemas y servir a la gente
43. Patrocinar
44. Misiones
45. Paternidad
46. Política
47. Pobres
48. Pobreza
49. Prisioneros
50. Racismo
51. Alcanzar a los perdidos
52. Refugiados
53. Armonía relacional
54. Padres solos
55. Solos
56. Guerra espiritual
57. Tecnología
58. Madres adolescentes
59. Desempleados
60. Violencia
61. Viudez
62. Matrimonios jóvenes
63. Jóvenes

La pasión sin acción... es un mero sueño.

La acción sin pasión... hace que transcurra el tiempo.

La pasión con acción... ¡puede cambiar el mundo!

(Autor desconocido)

Recursos

Bruce Bugbee and Associates

NETWORK MINISTRIES
INTERNATIONAL

»Ahora bien, el cuerpo no consta de un solo miembro sino de muchos»
1 Corintios 12:14

Bruce Bugbee ha estado activamente involucrado en el ministerio de los dones espirituales desde 1970. Ha provisto visión y liderazgo a iglesias e individuos que han estado buscando entender mejor el propósito para el que Dios los creó, y cómo pueden marcar una diferencia en un lugar de servicio significativo.

En 1986, Bruce escribió «Network» (La red), junto con Don Cousins y Bill Hyles. Este libro ha ayudado a los voluntarios a descubrir sus dones espirituales, la pasión ministerial, el estilo personal, y los ha ayudado a madurar espiritualmente, al descubrir su grado de disponibilidad para desarrollarse en el lugar de servicio correcto. Esto los ha ayudado a conocer cuál es el lugar que les toca y el propósito de ellos dentro del cuerpo de Cristo y de la iglesia local.

Network Ministries International fue establecido en 1993 para servir y apoyar el ministerio y la misión de la iglesia local, a través de promover la participación efectiva y eficiente del pueblo de Dios para los propósitos del reino. Edificar creyentes, equipar líderes y establecer sistemas armoniosos, marca el impacto producido por Network Ministries International.

La siguiente, es una lista parcial de los materiales de Network Ministries International, para ayudarte a identificar, establecer y equipar a siervos entusiastas, talentosos y dotados, para que ministren en tu iglesia.

Contacte a Bruce Bugbee en

Network Ministries International

para

lanzar la visión… implementar ministerios… equipar líderes

staff@brucebugbee.com

www.networkministries.com

800.588.8833

¡Descuentos disponibles para iglesias!

Evaluación del curso *La Red*

1. ¿Cómo evaluarías este curso en su totalidad?

1	2	3	4	5
Pobre				Excelente

2. ¿Qué aspectos del curso fueron más significativos?

3. ¿Qué aspectos del curso fueron menos útiles?

4. ¿Qué cosa, si la hubiera, te gustaría cambiar o incluir en el curso?

5. ¿En qué medida este curso satisfizo tus expectativas en términos de valor y calidad?

1	2	3	4	5
Debajo de las expectativas		Llenó las expectativas		Superó la expectativ

6. Pon un círculo alrededor del Nº de sesiones a las que asististe o completaste

Sesión: 1 2 3 4 5 6

7. Indica las evaluaciones que completaste.

Dones espirituales:

❑ Evaluación por medio de la experiencia (páginas 53-64)

❑ Evaluación por medio de la observación (páginas 65-67)

❑ Evaluación por medio de las referencias (páginas 72-95)

❑ Evaluación por medio del estilo personal (páginas 107-111)

❑ Evaluación por medio de la pasión ministerial (páginas 124-129)

8. ¿Recomendarías este curso a otros?

1	2	3	4	5
Definitivamente no				Definitivamente sí

9. Comentarios o preguntas

____

____

____

____

____

____

Encuesta sobre recursos personales

PERSONAL

Nombre ______________________ Sesiones de La Red – Mes/Año ______________

Dirección ______________________ Apartamento ______________

Ciudad ______________________ Estado ________ Código Postal ______________

Teléfono de la casa ______________ Teléfono del trabajo ______________

Fecha de nacimiento ______________ Sexo ______________

FAMILIARES

Estado civil: ❑ soltero ❑ casado

Nombre del cónyuge ______________________ fecha de nacimiento ______________

Nombre de los hijos

______________________ ❑ M ❑ F Fecha de nacimiento ______________

______________________ ❑ M ❑ F Fecha de nacimiento ______________

______________________ ❑ M ❑ F Fecha de nacimiento ______________

______________________ ❑ M ❑ F Fecha de nacimiento ______________

______________________ ❑ M ❑ F Fecha de nacimiento ______________

______________________ ❑ M ❑ F Fecha de nacimiento ______________

IGLESIA

¿Cuándo comenzaste a asistir a la iglesia? Mes / Año ______________

¿Eres miembro? ❑ Sí ❑ No

Grupos pequeños : ❑ Sí, estoy en uno (nombre del líder) ______________

❑ Me gustaría estar en uno

❑ Solía estar en uno ______________

❑ Otra ______________

MINISTERIO ACTUAL

¿En cuáles de los siguientes ministerios has estado involucrado en el pasado? ❑ Ninguno

Ministerio: ______________ Líder ______________

Ministerio: ______________ Líder ______________

Menciona otros ministerios o grupos comunitarios fuera de la iglesia en los que hayas colaborado:

Ministerio/Grupo ______________________

Ministerio/Grupo ______________________

MINISTERIOS ANTERIORES

¿En cuáles de los siguientes ministerios has estado involucrado en el pasado? ❑ Ninguno

Ministerio: ______________ Líder ______________

Ministerio: ______________ Líder ______________

Menciona otros ministerios o grupos comunitarios fuera de la iglesia en los que hayas colaborado:

Ministerio/Grupo ______________________

Ministerio/Grupo ______________________

ENCUESTA DE RECURSOS PERSONALES —2

PERFIL DE SIERVO Y SUMARIO DE ADIESTRAMIENTO

Completa antes de reunirte con tu consejero

Mis dones espirituales son:
1. ____________________
2. ____________________
3. ____________________

Categoría de pasión:
1. ____________________
2. ____________________

Tengo pasión por
1. ____________________
2. ____________________

Area sombreada para ser completada por el consejero

Mis **dones espirituales** son:
1. ____________________
2. ____________________
3. ____________________

Categoría de **pasión**:
1. ____________________
2. ____________________

Tengo **pasión** por:
1. ____________________
2. ____________________

Mi estilo personal es::
- ❑ Estructurado hacia la gente ❑ No estructurado hacia la gente
- ❑ Estructurado hacia las tareas ❑ No estructurado hacia las tareas

Describiría mi madurez espiritual como:
- ❑ Buscador/Inseguro ❑ Creyente nuevo o joven
- ❑ Creyente que guía y lidera ❑ Creyente estable y en crecimiento

Describiría mi actual disponibilidad como:
- ❑ Limitada 1 a 2 horas ❑ Moderada, 2 a 4 horas
- ❑ Significativa 4 o más horas ❑ No estoy seguro

Quisiera saber más acerca de los siguientes ministerios:

____

____

____

Los siguientes ministerios fueron identificados como posibles lugares de servicio: M- Categoría ________

A.____________ B.____________ C.____________

Consejero ____________________ Teléfono ____________

Comentarios: ____________________

____

ENCUESTA DE RECURSOS PERSONALES —3

TRABAJO

❏ Trabajo de modo independiente ❏ Soy empleado ❏ Estoy desempleado

Nombre del empleador ______________________________

Descripción del trabajo______________________________

Producto o servicio ______________________________

EDUCACIÓN

❏ Secundaria ❏ Estudiante universitario ❏ Otro
❏ Licenciatura ❏ Maestría
❏ Doctorado ❏ Título profesional

EXPERIENCIA ESPIRITUAL

¿Cómo conociste a Cristo personalmente? ¿Cómo mantienes tu relación personal con Él?

ENCUESTA DE RECURSOS PERSONALES —4

Además de tu perfil de siervo, por favor, revisa cuidadosamente casilla por casilla marcando aquellas que indiquen los talentos o habilidades que tú tienes. En otras palabras, indica las áreas en las cuales has demostrado un grado razonable de habilidad, confianza y competencia. No estarás comprometiéndote a servir en todas las áreas que marques, pero nos gustaría tener esa información en nuestros registros, por si fuera necesario. Sé justo y honesto en tu auto evaluación.

Servicios profesionales
- ❑ Salud mental
- ❑ Trabajo social
- ❑ Finanzas
- ❑ Odontología
- ❑ Medicina
- ❑ Kinesiología
- ❑ Legal
- ❑ Contaduría
- ❑ Teneduría de libros
- ❑ Impuestos
- ❑ Enfermería
- ❑ Jardinería
- ❑ Limpieza de alfombras
- ❑ Limpieza de ventanas
- ❑ Ingeniero
- ❑ Salvavidas
- ❑ Consejero
- ❑ Consejero vocacional
- ❑ Desempleo
- ❑ Director de guardería de niños
- ❑ Fuerzas de seguridad.
- ❑ Dirección de personal
- ❑ Relaciones públicas
- ❑ Publicidad
- ❑ Radio
- ❑ Televisión
- ❑ Programación de computadoras
- ❑ Paramédico
- ❑ Analista de sistemas
- ❑ Periodista / Escritor
- ❑ ______

Arte
- ❑ Diseño
- ❑ Fotografía
- ❑ Gráficos
- ❑ Multimedia
- ❑ Programas de correo
- ❑ Artesanía
- ❑ Arte
- ❑ Anuncios
- ❑ Decoración
- ❑ __________

Maestro o asistente
- ❑ Preescolar
- ❑ Primario
- ❑ Secundario
- ❑ Adultos solos (18-29)
- ❑ Adultos solos (más de 30)
- ❑ Parejas
- ❑ Hombres
- ❑ Mujeres
- ❑ Tutoría
- ❑ Educación de discapacitados
- ❑ Investigador
- ❑ Educación física
- ❑ Consultor financiero.
- ❑ ______

Mecánica
- ❑ Reparación de fotocopiadoras
- ❑ Mecánico de diesel
- ❑ Mecánico de autos
- ❑ Reparación de pequeños motores
- ❑ Reparación de cortadoras de césped
- ❑ Maquinista
- ❑ ______

Oficina
- ❑ Computación
- ❑ Procesamiento de palabras
- ❑ Recepcionista
- ❑ Supervisor
- ❑ Entrada de Datos
- ❑ Archivos
- ❑ Correo
- ❑ Biblioteca
- ❑ Transcripción
- ❑ Taquigrafía

Misiones
- ❑ Largo plazo
- ❑ Corto plazo
- ❑ Misionero

- ❑ Evangelismo
- ❑ ______

Arte y arte escénico
- ❑ Actor, actriz
- ❑ Poeta
- ❑ Bailarín
- ❑ Mimo
- ❑ Títeres
- ❑ Payaso
- ❑ Producción de audio
- ❑ Sonido
- ❑ Iluminación
- ❑ Escenografía
- ❑ Escenario
- ❑ Guionista
- ❑ ______

Construcción
- ❑ Contratista
- ❑ Arquitecto
- ❑ Carpintero
- ❑ Electricista
- ❑ Plomero
- ❑ Calefacción
- ❑ Aire acondicionado
- ❑ Pintor
- ❑ Empapelador
- ❑ Albañil
- ❑ Techos
- ❑ Teléfonos
- ❑ Concreto
- ❑ Instalador de alfombras
- ❑ Diseñador de interiores
- ❑ Reclutador
- ❑ ______

Trabajar con
- ❑ Discapacitados
- ❑ Sordos
- ❑ Presidiarios
- ❑ Problemas de aprendizaje

- ❑ Enfermerías
- ❑ Visitación de hospitales
- ❑ Albergue para personas sin casa
- ❑ Alimentar
- ❑ ______

Ayuda general
- ❑ Cajero
- ❑ Cuidado de niños
- ❑ Servicio al cliente
- ❑ Comidas
- ❑ Jardinería
- ❑ Mantenimiento de edificios
- ❑ Mantenimiento de terrenos
- ❑ Transporte
- ❑ Remoción de nieve
- ❑ Cocinar
- ❑ Bodas
- ❑ Tiendas de libros
- ❑ Duplicación de cintas de audio
- ❑ Cuidado de plantas de interiores
- ❑ Oficial de deportes
- ❑ Instructor de deportes
- ❑ Desarrollo de sitios de Internet
- ❑ Mantenimiento de sitios de Internet
- ❑ ______

Musical
- ❑ Director de coro
- ❑ Coros
- ❑ Solista
- ❑ Instrumentista
- ❑ Compositor
- ❑ Arreglador
- ❑ Afinador de pianos
- ❑ ______

¿Existe alguna otra actividad o servicio específico que quisieras ofrecer a la iglesia?

Entiendo que esta información solo estará disponible para los miembros del personal de la iglesia y los líderes de cada ministerio.

Firma: ______________________________ Fecha: ____________________

Apéndice I

Evaluación por medio de la observación

En las siguientes páginas, encontrarás tres evaluaciones idénticas. Córtalas del libro y dale un ejemplar a cada una de las tres personas que la realizarán.

Para ver las instrucciones completas, ve a la página 65.

Evaluación por medio de la observación # 1

Descubrimiento de dones espirituales

¡Quisiera saber tu opinión!

Estoy procurando conocer y entender mejor cómo Dios me ha equipado para servir a otros. Una parte de este proceso consiste en conocer lo que piensan otras personas que me conocen razonablemente bien. Tus sugerencias acerca de las cosas que hago mejor y de la manera en que me relaciono con otros serán de mucha ayuda para mí. Por favor, toma algunos minutos para realizar esta evaluación.

Mi nombre es:______________________________

Esta es mi observación de:

____

Instrucciones:

1. Por favor, lee la descripción de abajo.
2. Marca cada una de acuerdo a cuánto se corresponda o no con la persona que estás describiendo.
3. Pon tus resultados en el cuadrito correspondiente a cada declaración, en la hoja de respuestas de las páginas 2-5. Responde siguiendo la siguiente escala:

PUNTAJE	DESCRIPCIÓN
3 =	Consistente /definitivamente cierto
2 =	La mayoría del tiempo / generalmente cierto
1 =	Algunas veces / de vez en cuando
0 =	No sé /no lo he observado

IMPORTANTE:

- Responde conforme lo que parece ser verdad la mayor parte del tiempo... no lo que quisieras que fuera o piensas que debería ser.
- ¿Hasta qué grado estas declaraciones reflejan sus tendencias?
- Devuelve la evaluación completada, lo más pronto que puedas. ¡Gracias!

Evaluación por medio de la observación Nº 1

		Consistente definitivamente cierto	La mayoría del tiempo generalmente cierto	Algunas veces de vez en cuando	No sé no lo he observado	
A	*Desarrolla estrategias o planes para alcanzar metas específicas, organiza gente, tareas y eventos; ayuda a organizar grupos para que sean más eficientes; crea orden del caos organizacional.*	**3**	**2**	**1**	**0**	
B	*Trabaja creativamente con madera, ropa, metales, pintura, vidrio, etc.; trabaja con diferentes tipos de herramientas; hace cosas para usos prácticos; diseña y construye cosas; trabaja con sus manos.*	**3**	**2**	**1**	**0**	
C	*Se comunica de varias maneras y creativamente; desarrolla y usa habilidades artísticas (teatro, danza, arte, música, fotografía, etc.); encuentra formas nuevas y frescas de comunicarse con otros.*	**3**	**2**	**1**	**0**	
D	*Fortalece y afirma a las personas en problemas; alienta y desafía, motiva a otros para que crezcan; apoya a los que parecen estar estancados y necesitan tomar acción.*	**3**	**2**	**1**	**0**	
E	*Confía en que Dios responde las oraciones y anima a otros a hacer lo mismo; tiene confianza en el poder de Dios para ayudar incluso en tiempos difíciles; avanza, a pesar de las dificultades o la oposición.*	**3**	**2**	**1**	**0**	

Evaluación por medio de la observación Nº 1

		Consistente definitivamente cierto	La mayoría del tiempo generalmente cierto	Algunas veces de vez en cuando	No sé no lo he observado	
F	Da con liberalidad y gozo, a la gente que está en necesidad financiera; da generosamente para los proyectos que necesitan apoyo; maneja su dinero de tal modo que dispone siempre de algo para ayudar a otra gente.	3	2	1	0	
G	Trabaja detrás de escena para apoyar el trabajo de otros; encuentra pequeñas cosas que deben ser hechas y las hace sin que se lo pidan; ayuda en donde sea necesario, incluso en lugares rutinarios o mundanos.	3	2	1	0	
H	Conoce gente nueva y la ayuda a sentirse bienvenida y cómoda; entretiene a los invitados; abre su casa a otros que necesitan un entorno seguro y confiable; hace que la gente se sienta bien, aún en entornos negativos.	3	2	1	0	
I	Se ofrece continuamente a orar por otros; confía en la protección de Dios; invierte mucho tiempo orando; está convencido de que Dios se mueve en respuesta directa a las oraciones.	3	2	1	0	
J	Asume la responsabilidad de dirigir grupos; motiva y guía a otros a alcanzar metas importantes; maneja bien a la gente y los recursos; influye a otros para que den lo mejor de sí mismos.	3	2	1	0	
K	Simpatiza con la gente herida; acompaña con compasión y paciencia a la gente que está atravesando experiencias de dolor y sufrimiento; ayuda a aquellos que se considera que no lo merecen, o que estarían más allá de toda posible ayuda.	3	2	1	0	
L	Pionero que se encarga de nuevos emprendimientos (como plantar una nueva iglesia o comenzar un nuevo ministerio); sirve en otro país o comunidad y se adapta. Es sensible a diferentes culturas y entornos.	3	2	1	0	
M	Habla con convicción para provocar cambio en la vida de otros; denuncia las trincheras culturales, enseñanzas, o eventos moralmente reprobables o dañinos; habla atrevidamente la verdad, incluso en lugares donde esto puede ser impopular.	3	2	1	0	

Evaluación por medio de la observación Nº 1

		Consistente definitivamente cierto	La mayoría del tiempo generalmente cierto	Algunas veces de vez en cuando	No sé no lo he observado	
N	*Busca oportunidades para edificar relaciones con no creyentes; comunica su fe abierta y efectivamente; habla sobre temas espirituales, incluso entre no creyentes.*	3	2	1	0	
O	*Provee cuidado espiritual continuado y sostenido para un grupo de gente; guía integralmente a la persona; nutre a otros con paciencia y firmeza a fin de que crezcan como creyentes.*	3	2	1	0	
P	*Estudia, entiende y comunica la verdad bíblica; desarrolla materiales apropiados de enseñanza y los presenta efectivamente; se comunica de una manera que motiva a otros a cambiar.*	3	2	1	0	
Q	*Distingue entre la verdad y el error; el bien y el mal; juzga el carácter con precisión; ve a través del error y el engaño; ayuda a otros a ver lo bueno y lo malo en las circunstancias de la vida.*	3	2	1	0	
R	*Estudia e investiga cuidadosamente los temas que quiere entender bien; comparte su conocimiento con otros, cuando le preguntan; a veces, obtiene conocimiento por medios diferentes a la observación natural.*	3	2	1	0	
S	*Ve soluciones simples y prácticas en medio de conflictos o en situaciones confusas; aconseja acertadamente a aquellos que enfrentan situaciones complicadas; ayuda a la gente a resolver sus problemas de manera práctica.*	3	2	1	0	
T	*Demuestra el poder de Dios, orando por los enfermos, por medio de la imposición de manos sobre ellos y orando; sana milagrosamente el cuerpo, el alma o el espíritu de una persona.*	3	2	1	0	
U	*Interpreta el mensaje de Dios cuando alguien habla en lenguas; explica a la gente el mensaje de Dios cuando ha sido dado en un lenguaje desconocido y le comunica a la gente lo que Dios está diciendo.*	3	2	1	0	

Evaluación por medio de la observación Nº 1

		Consistente definitivamente cierto	La mayoría del tiempo generalmente cierto	Algunas veces de vez en cuando	No sé no lo he observado	
V	*Habla la Palabra de Dios y la autentica con un milagro; comunica el ministerio y el mensaje de Jesús con demostraciones de poder sobrenatural, proclamando que Dios es quien hace dichas señales.*	3	2	1	0	
W	*Habla en un idioma que no se puede entender; y cuando esto sucede, hay alguien más que interpreta lo que se ha dicho; es una forma de adoración espontánea, consistente en la pronunciación de palabras extrañas, nunca escuchadas anteriormente.*	3	2	1	0	

Aquí hay unas preguntas adicionales.

1. Retrocede a la parte en donde has puesto un «3» (columna sombreada), e indica tu elección principal con el número 1, la segunda con un 2, y la tercera con un 3. Luego, escribe la letra de estas tres elecciones en el espacio de la derecha	Las tres letras principales 1. ____________ 2. ____________ 3. ____________
2. Si estás familiarizado con los dones espirituales, ¿cuál o cuáles has visto principalmente, en la vida de esta persona?	1. ____________ 2. ____________ 3. ____________
3. ¿Hay alguna otra observación o idea que tienes y que ayudaría a esta persona a entender mejor qué es lo que hace mejor?	Comentarios

Gracias por tomarte el tiempo para completar esta evaluación. Tus opiniones y observaciones son valiosas para mí. Agradezco tu ayuda!

Descubrimiento de dones espirituales

¡Quisiera saber tu opinión!

Estoy procurando conocer y entender mejor cómo Dios me ha equipado para servir a otros. Una parte de este proceso consiste en conocer lo que piensan otras personas que me conocen razonablemente bien. Tus sugerencias acerca de las cosas que hago mejor y de la manera en que me relaciono con otros serán de mucha ayuda para mí. Por favor, toma algunos minutos para realizar esta evaluación.

Mi nombre es:______________________________

Esta es mi observación de:

____

Instrucciones:

1. Por favor, lee la descripción de abajo.
2. Marca cada una de acuerdo a cuánto se corresponda o no con la persona que estás describiendo.
3. Pon tus resultados en el cuadrito correspondiente a cada declaración, en la hoja de respuestas de las páginas 2-5. Responde siguiendo la siguiente escala:

PUNTAJE		DESCRIPCIÓN
3	=	Consistente /definitivamente cierto
2	=	La mayoría del tiempo / generalmente cierto
1	=	Algunas veces / de vez en cuando
0	=	No sé /no lo he observado

IMPORTANTE:

- Responde conforme lo que parece ser verdad la mayor parte del tiempo... no lo que quisieras que fuera o piensas que debería ser.
- ¿Hasta qué grado estas declaraciones reflejan sus tendencias?
- Devuelve la evaluación completada, lo más pronto que puedas. ¡Gracias!

Evaluación por medio de la observación Nº 2

		Consistente definitivamente cierto	La mayoría del tiempo generalmente cierto	Algunas veces de vez en cuando	No sé no lo he observado	
A	*Desarrolla estrategias o planes para alcanzar metas específicas, organiza gente, tareas y eventos; ayuda a organizar grupos para que sean más eficientes; crea orden del caos organizacional.*	**3**	**2**	**1**	**0**	
B	*Trabaja creativamente con madera, ropa, metales, pintura, vidrio, etc.; trabaja con diferentes tipos de herramientas; hace cosas para usos prácticos; diseña y construye cosas; trabaja con sus manos.*	**3**	**2**	**1**	**0**	
C	*Se comunica de varias maneras y creativamente; desarrolla y usa habilidades artísticas (teatro, danza, arte, música, fotografía, etc.); encuentra formas nuevas y frescas de comunicarse con otros.*	**3**	**2**	**1**	**0**	
D	*Fortalece y afirma a las personas en problemas; alienta y desafía, motiva a otros para que crezcan; apoya a los que parecen estar estancados y necesitan tomar acción.*	**3**	**2**	**1**	**0**	
E	*Confía en que Dios responde las oraciones y anima a otros a hacer lo mismo; tiene confianza en el poder de Dios para ayudar incluso en tiempos difíciles; avanza, a pesar de las dificultades o la oposición.*	**3**	**2**	**1**	**0**	

Evaluación por medio de la observación Nº 2

		Consistente definitivamente cierto	La mayoría del tiempo generalmente cierto	Algunas veces de vez en cuando	No sé no lo he observado	
F	Da con liberalidad y gozo, a la gente que está en necesidad financiera; da generosamente para los proyectos que necesitan apoyo; maneja su dinero de tal modo que dispone siempre de algo para ayudar a otra gente.	3	2	1	0	
G	Trabaja detrás de escena para apoyar el trabajo de otros; encuentra pequeñas cosas que deben ser hechas y las hace sin que se lo pidan; ayuda en donde sea necesario, incluso en lugares rutinarios o mundanos.	3	2	1	0	
H	Conoce gente nueva y la ayuda a sentirse bienvenida y cómoda; entretiene a los invitados; abre su casa a otros que necesitan un entorno seguro y confiable; hace que la gente se sienta bien, aún en entornos negativos.	3	2	1	0	
I	Se ofrece continuamente a orar por otros; confía en la protección de Dios; invierte mucho tiempo orando; está convencido de que Dios se mueve en respuesta directa a las oraciones.	3	2	1	0	
J	Asume la responsabilidad de dirigir grupos; motiva y guía a otros a alcanzar metas importantes; maneja bien a la gente y los recursos; influye a otros para que den lo mejor de sí mismos.	3	2	1	0	
K	Simpatiza con la gente herida; acompaña con compasión y paciencia a la gente que está atravesando experiencias de dolor y sufrimiento; ayuda a aquellos que se considera que no lo merecen, o que estarían más allá de toda posible ayuda.	3	2	1	0	
L	Pionero que se encarga de nuevos emprendimientos (como plantar una nueva iglesia o comenzar un nuevo ministerio); sirve en otro país o comunidad y se adapta y es sensible a diferentes culturas y entornos.	3	2	1	0	
M	Habla con convicción para provocar cambio en la vida de otros; denuncia las trincheras culturales, enseñanzas, o eventos moralmente reprobables o dañinos; habla atrevidamente la verdad, incluso en lugares donde esto puede ser impopular.	3	2	1	0	

3

Evaluación por medio de la observación Nº 2

		Consistente definitivamente cierto	La mayoría del tiempo generalmente cierto	Algunas veces de vez en cuando	No sé no lo he observado
N	*Busca oportunidades para edificar relaciones con no creyentes; comunica su fe abierta y efectivamente; habla sobre temas espirituales, incluso entre no creyentes.*	3	2	1	0
O	*Provee cuidado espiritual continuado y sostenido para un grupo de gente; guía integralmente a la persona; nutre a otros con paciencia y firmeza a fin de que crezcan como creyentes.*	3	2	1	0
P	*Estudia, entiende y comunica la verdad bíblica; desarrolla materiales apropiados de enseñanza y los presenta efectivamente; se comunica de una manera que motiva a otros a cambiar.*	3	2	1	0
Q	*Distingue entre la verdad y el error; el bien y el mal; juzga el carácter con precisión; ve a través del error y el engaño; ayuda a otros a ver lo bueno y lo malo en las circunstancias de la vida.*	3	2	1	0
R	*Estudia e investiga cuidadosamente los temas que quiere entender bien; comparte su conocimiento con otros, cuando le preguntan; a veces, obtiene conocimiento por medios diferentes a la observación natural.*	3	2	1	0
S	*Ve soluciones simples y prácticas en medio de conflictos o en situaciones confusas; aconseja acertadamente a aquellos que enfrentan situaciones complicadas; ayuda a la gente a resolver sus problemas de manera práctica.*	3	2	1	0
T	*Demuestra el poder de Dios, orando por los enfermos, por medio de la imposición de manos sobre ellos y orando; sana milagrosamente el cuerpo, el alma o el espíritu de una persona.*	3	2	1	0
U	*Interpreta el mensaje de Dios cuando alguien habla en lenguas; explica a la gente el mensaje de Dios cuando ha sido dado en un lenguaje desconocido y le comunica a la gente lo que Dios está diciendo.*	3	2	1	0

Evaluación por medio de la observación Nº 2

		Consistente definitivamente cierto	La mayoría del tiempo generalmente cierto	Algunas veces de vez en cuando	No sé no lo he observado	
V	*Habla la Palabra de Dios y la autentica con un milagro; comunica el ministerio y el mensaje de Jesús con demostraciones de poder sobrenatural, proclamando que Dios es quien hace dichas señales.*	**3**	**2**	**1**	**0**	
W	*Habla en un idioma que no se puede entender; y cuando esto sucede, hay alguien más que interpreta lo que se ha dicho; es una forma de adoración espontánea, consistente en la pronunciación de palabras extrañas, nunca escuchadas anteriormente.*	**3**	**2**	**1**	**0**	

Aquí hay unas preguntas adicionales.

1. Retrocede a la parte en donde has puesto un «3» (columna sombreada), e indica tu elección principal con el número 1, la segunda con un 2, y la tercera con un 3. Luego, escribe la letra de estas tres elecciones en el espacio de la derecha	Las tres letras principales 1. ____________ 2. ____________ 3. ____________
2. Si estás familiarizado con los dones espirituales, ¿cuál o cuáles has visto principalmente, en la vida de esta persona?	1. ____________ 2. ____________ 3. ____________
3. ¿Hay alguna otra observación o idea que tienes y que ayudaría a esta persona a entender mejor qué es lo que hace mejor?	Comentarios

Gracias por tomarte el tiempo para completar esta evaluación. Tus opiniones y observaciones son valiosas para mí. Agradezco tu ayuda!

Descubrimiento de dones espirituales

¡Quisiera saber tu opinión!

Estoy procurando conocer y entender mejor cómo Dios me ha equipado para servir a otros. Una parte de este proceso consiste en conocer lo que piensan otras personas que me conocen razonablemente bien. Tus sugerencias acerca de las cosas que hago mejor y de la manera en que me relaciono con otros serán de mucha ayuda para mí. Por favor, toma algunos minutos para realizar esta evaluación.

Mi nombre es:______________________________

Esta es mi observación de:

____

Instrucciones:

1. Por favor, lee la descripción de abajo.
2. Marca cada una de acuerdo a cuánto se corresponda o no con la persona que estás describiendo.
3. Pon tus resultados en el cuadrito numerado correspondiente a cada declaración, en la hoja de respuestas de las páginas 2-5. Responde siguiendo la siguiente escala:

PUNTAJE		DESCRIPCIÓN
3	=	Consistente /definitivamente cierto
2	=	La mayoría del tiempo / generalmente cierto
1	=	Algunas veces / de vez en cuando
0	=	No sé /no lo he observado

IMPORTANTE:

- Responde conforme lo que parece ser verdad la mayor parte del tiempo... no lo que quisieras que fuera o piensas que debería ser.
- ¿Hasta qué grado estas declaraciones reflejan sus tendencias?
- Devuelve la evaluación completada, lo más pronto que puedas. ¡Gracias!

Evaluación por medio de la observación Nº 3

		Consistente definitivamente cierto	La mayoría del tiempo generalmente cierto	Algunas veces de vez en cuando	No sé no lo he observado	
A	*Desarrolla estrategias o planes para alcanzar metas específicas, organiza gente, tareas y eventos; ayuda a organizar grupos para que sean más eficientes; crea orden del caos organizacional.*	**3**	**2**	**1**	**0**	
B	*Trabaja creativamente con madera, ropa, metales, pintura, vidrio, etc.; trabaja con diferentes tipos de herramientas; hace cosas para usos prácticos; diseña y construye cosas; trabaja con sus manos.*	**3**	**2**	**1**	**0**	
C	*Se comunica de varias maneras y creativamente; desarrolla y usa habilidades artísticas (teatro, danza, arte, música, fotografía, etc.); encuentra formas nuevas y frescas de comunicarse con otros.*	**3**	**2**	**1**	**0**	
D	*Fortalece y afirma a las personas en problemas; alienta y desafía, motiva a otros para que crezcan; apoya a los que parecen estar estancados y necesitan tomar acción.*	**3**	**2**	**1**	**0**	
E	*Confía en que Dios responde las oraciones y anima a otros a hacer lo mismo; tiene confianza en el poder de Dios para ayudar incluso en tiempos difíciles; avanza, a pesar de las dificultades o la oposición.*	**3**	**2**	**1**	**0**	

Evaluación por medio de la observación Nº 3

		Consistente definitivamente cierto	La mayoría del tiempo generalmente cierto	Algunas veces de vez en cuando	No sé no lo he observado	
F	*Da con liberalidad y gozo, a la gente que está en necesidad financiera; da generosamente para los proyectos que necesitan apoyo; maneja su dinero de tal modo que dispone siempre de algo para ayudar a otra gente.*	**3**	**2**	**1**	**0**	
G	*Trabaja detrás de escena para apoyar el trabajo de otros; encuentra pequeñas cosas que deben ser hechas y las hace sin que se lo pidan; ayuda en donde sea necesario, incluso en lugares rutinarios o mundanos.*	**3**	**2**	**1**	**0**	
H	*Conoce gente nueva y la ayuda a sentirse bienvenida y cómoda; entretiene a los invitados; abre su casa a otros que necesitan un entorno seguro y confiable; hace que la gente se sienta bien, aún en entornos negativos.*	**3**	**2**	**1**	**0**	
I	*Se ofrece continuamente a orar por otros; confía en la protección de Dios; invierte mucho tiempo orando; está convencido de que Dios se mueve en respuesta directa a las oraciones.*	**3**	**2**	**1**	**0**	
J	*Asume la responsabilidad de dirigir grupos; motiva y guía a otros a alcanzar metas importantes; maneja bien a la gente y los recursos; influye a otros para que den lo mejor de sí mismos.*	**3**	**2**	**1**	**0**	
K	*Simpatiza con la gente herida; acompaña con compasión y paciencia a la gente que está atravesando experiencias de dolor y sufrimiento; ayuda a aquellos que se considera que no lo merecen, o que estarían más allá de toda posible ayuda.*	**3**	**2**	**1**	**0**	
L	*Pionero que se encarga de nuevos emprendimientos (como plantar una nueva iglesia o comenzar un nuevo ministerio); sirve en otro país o comunidad y se adapta y es sensible a diferentes culturas y entornos.*	**3**	**2**	**1**	**0**	
M	*Habla con convicción para provocar cambio en la vida de otros; denuncia las trincheras culturales, enseñanzas, o eventos moralmente reprobables o dañinos; habla atrevidamente la verdad, incluso en lugares donde esto puede ser impopular.*	**3**	**2**	**1**	**0**	

Evaluación por medio de la observación Nº 3

		Consistente definitivamente cierto	La mayoría del tiempo generalmente cierto	Algunas veces de vez en cuando	No sé no lo he observado	
N	*Busca oportunidades para edificar relaciones con no creyentes; comunica su fe abierta y efectivamente; habla sobre temas espirituales, incluso entre no creyentes.*	3	2	1	0	
O	*Provee cuidado espiritual continuado y sostenido para un grupo de gente; guía integralmente a la persona; nutre a otros con paciencia y firmeza a fin de que crezcan como creyentes.*	3	2	1	0	
P	*Estudia, entiende y comunica la verdad bíblica; desarrolla materiales apropiados de enseñanza y los presenta efectivamente; se comunica de una manera que motiva a otros a cambiar.*	3	2	1	0	
Q	*Distingue entre la verdad y el error; el bien y el mal; juzga el carácter con precisión; ve a través del error y el engaño; ayuda a otros a ver lo bueno y lo malo en las circunstancias de la vida.*	3	2	1	0	
R	*Estudia e investiga cuidadosamente los temas que quiere entender bien; comparte su conocimiento con otros, cuando le preguntan; a veces, obtiene conocimiento por medios diferentes a la observación natural.*	3	2	1	0	
S	*Ve soluciones simples y prácticas en medio de conflictos o en situaciones confusas; aconseja acertadamente a aquellos que enfrentan situaciones complicadas; ayuda a la gente a resolver sus problemas de manera práctica.*	3	2	1	0	
T	*Demuestra el poder de Dios, orando por los enfermos, por medio de la imposición de manos sobre ellos y orando; sana milagrosamente el cuerpo, el alma o el espíritu de una persona.*	3	2	1	0	
U	*Interpreta el mensaje de Dios cuando alguien habla en lenguas; explica a la gente el mensaje de Dios cuando ha sido dado en un lenguaje desconocido y le comunica a la gente lo que Dios está diciendo.*	3	2	1	0	

Evaluación por medio de la observación Nº 3

		Consistente definitivamente cierto	La mayoría del tiempo generalmente cierto	Algunas veces de vez en cuando	No sé no lo he observado	
V	*Habla la Palabra de Dios y la autentica con un milagro; comunica el ministerio y el mensaje de Jesús con demostraciones de poder sobrenatural, proclamando que Dios es quien hace dichas señales.*	**3**	**2**	**1**	**0**	
W	*Habla en un idioma que no se puede entender; y cuando esto sucede, hay alguien más que interpreta lo que se ha dicho; es una forma de adoración espontánea, consistente en la pronunciación de palabras extrañas, nunca escuchadas anteriormente.*	**3**	**2**	**1**	**0**	

Aquí hay unas preguntas adicionales.

1. Retrocede a la parte en donde has puesto un «3» (columna sombreada), e indica tu elección principal con el número 1, la segunda con un 2, y la tercera con un 3. Luego, escribe la letra de estas tres elecciones en el espacio de la derecha	Las tres letras principales 1. ____________ 2. ____________ 3. ____________
2. Si estás familiarizado con los dones espirituales, ¿cuál o cuáles has visto principalmente, en la vida de esta persona?	1. ____________ 2. ____________ 3. ____________
3. ¿Hay alguna otra observación o idea que tienes y que ayudaría a esta persona a entender mejor qué es lo que hace mejor?	Comentarios

Gracias por tomarte el tiempo para completar esta evaluación. Tus opiniones y observaciones son valiosas para mí. ¡Agradezco tu ayuda!

Asociación Willow Creek

Visión, Entrenamiento, Recursos para una Iglesia que Prevalece.

Este recurso fue creado para servirte y ayudarte a construir una iglesia local que prevalece. Esta es solo una de las muchas herramientas de la línea: Willow Creek Resources [Recursos de Willow Creek], publicadas por la Asociación Willow Creek, conjuntamente con Editorial Vida.

La Asociación Willow Creek fue creada en 1992 para servir a un grupo de iglesias de un amplio espectro de denominaciones que crecían rápidamente y estaban comprometidas a ayudar a los que no tenían iglesia, a convertirse en seguidores devotos de Jesucristo. En la actualidad, la Asociación Willow Creek tiene más de 10.000 iglesias afiliadas, pertenecientes a más de 90 denominaciones en todo el mundo.

La Asociación Willow Creek vincula a líderes cristianos de todo el mundo con una visión estratégica, entrenamiento, y recursos, a fin de ayudarlos a constuir iglesias que prevalezcan y puedan alcanzar su potencial redentor. Aquí presentamos algunas de las maneras en que la Asociación lo hace.

- **Prevailing Church Conference** [Una iglesia que prevalece]: Evento anual de dos días y medio de duración, que se lleva a cabo en la Iglesia Comunitaria Willow Creek, en South Barrington, Illinois, para ayudar a los líderes que quieren marcar nuevos rumbos a reclutar un núcleo de voluntarios, mientras descubren nuevas e ingeniosas maneras de edificar iglesias que prevalecen, ganando a mucha gente para Cristo.
- **Leadership Summit** [La cumbre del liderazgo]: Evento anual de dos días y medio de duración que tiene el fin de dar visión y equipar a cristianos que tienen dones y responsabilidades de liderazgo. Se lleva a cabo tanto en la misma Iglesia de Willow Creek, como a través de una transmisión vía satélite a más de sesenta lugares en norteamérica. Este evento está designado para potenciar la efectividad del liderazgo de pastores, ministros, líderes voluntarios, y cristianos en la vida diaria.
- **Ministry-Specific Conferences** [Conferencias específicas sobre ministerio]: Cada año, la Iglesia Willow Creek es anfitriona de varias conferencias y entrenamientos, tanto en sus propias instalaciones, a lo largo y

a lo ancho de los EEUU, como alrededor del mundo. El objetivo es capacitar a ministros en áreas específicas, tales como evangelismo, arte, niños, estudiantes, grupos pequeños, predicación y enseñanza, formación espiritual, dones, levantamiento de líderes, etc.

- **Willow Creek Resources** [Recursos de Willow Creek]: Provee a las iglesias recursos ministeriales confiables y probados en áreas como: evangelismo, formación espiritual, dones espirituales, grupos pequeños, mayordomía, ministerio de jóvenes y niños, arte (drama, medios, música), y muchos más. Para más información sobre estos recursos, llama al Centro de Servicio al Cliente 800-570-9812. Si hablas desde fuera de los EEUU, llama al 847-765-0070.

- **Willow Net** [La red de Willow]: El servicio de recursos por internet de la Asociación Willow Creek, da acceso a cientos de transcripciones de los mensajes de la Iglesia de Willow Creek, transcripciones de dramatizaciones, canciones, videos, y herramientas multimedia. El sistema le permite a los usuarios buscar estos materiales y bajarlos pagando una tarifa. Visítanos en www.willowcreek.com

- **WCA News** [Noticias WCA]: Publicación trimestral para informarte de las últimas tendencias, herramientas, y sobre los eventos de la Asociación Willow Creek alrededor del mundo.

- **Defining Moments** [Definir el momento]: Un informe mensual por audio de Bill Hybels y otros líderes, que discuten temas actuales con el propósito de descubrir principios bílicos y estrategias transferibles para maximizar la capacidad de tu iglesia para el evangelismo.

- **The Exchange** [El intercambio]: Nuestros avisos clasificados en línea, para ayudar a las iglesias a contratar personal y líderes clave para los equipos ministeriales.

- **Member Benefits** [Beneficios para los miembros]: Incluye descuentos importantes para eventos de entrenamiento y un 20% de descuento para todos los recursos de la Asociación Willow Creek, acceso al sitio de internet exclusivo para miembros, mensajes especiales mensuales, y mucho más. Las iglesias que son miembros tienen importantes descuentos y servicios premium a través de nuestros numerosos miembros asociados: Select Service Providers [Proveedores de Servicio Selecto]

Para obtener información más específica sobre la membresía de AWC, conferencias futuras, y otros servicios para el ministerio, contacta a:

Willow Creek Asociation
P.O. Box 3188, Barrington, IL. 60011-3188
TE 847-570-9182
Fax 847-765-5046
www.willowcreek.com

Disfrute de otras publicaciones de Editorial Vida

Desde 1946, Editorial Vida es fiel amiga del pueblo hispano a través de la mejor literatura evangélica. Editorial Vida publica libros prácticos y de sólidas doctrinas que enriquecen el caudal de conocimiento de sus lectores.

Nuestras Biblias de Estudio poseen características que ayudan al lector a crecer en el conocimiento de las Sagradas Escrituras y a comprenderlas mejor. Vida Nueva es el más completo y actualizado plan de estudio de Escuela Dominical y el mejor recurso educativo en español. Además, nuestra serie de grabaciones de alabanzas y adoración, Vida Music renueva su espíritu y llena su alma de gratitud a Dios.

En las siguientes páginas se describen otras excelentes publicaciones producidas especialmente para usted. Adquiera productos de Editorial Vida en su librería cristiana más cercana.

Una vida con propósito

Rick Warren, reconocido autor de *Una Iglesia con Propósito*, plantea ahora un nuevo reto al creyente que quiere alcanzar una vida victoriosa. La obra enfoca la edificación del individuo como parte integral del proceso formador del cuerpo de Cristo. Cada ser humano tiene algo que le inspira, motiva o impulsa a actuar a través de su existencia. Y eso es lo que usted podrá descubrir cuando lea las páginas de *Una vida con propósito*.

0-8297-3786-3

Biblia NVI
para mp3

0-8297-4979-9

Ahora disponible en el formato mp3, esta Biblia en audio es lo más excelente que puedes tener. La Biblia NVI en audio es más que una Biblia que escuchas, es la experiencia que te ayuda a adentrarte en la Palabra de Dios y que esta penetre en ti.

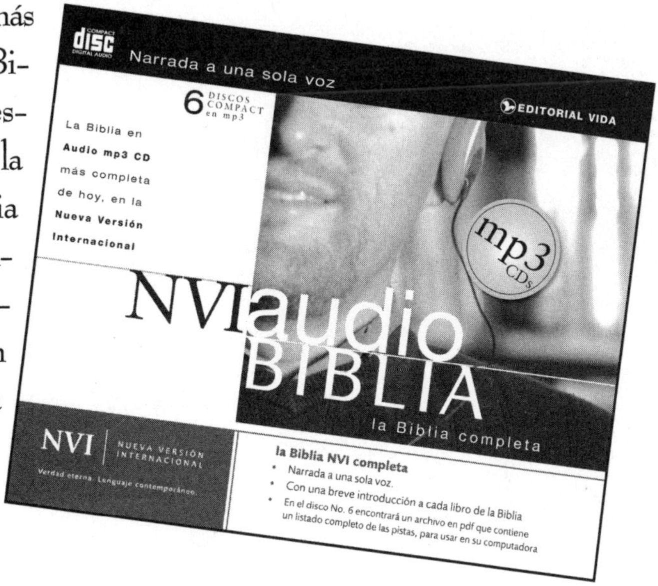

LIDERAZGO
CON PROPÓSITO

AUDIO LIBRO

0-8297-4895-4

En estos doce capítulos acerca del liderazgo, el pastor Rick Warren examina la vida y el ministerio extraordinario de Nehemías, esbozando importantes puntos de vistas y analogías acerca de lo que conlleva el tener un éxito rotundo en la conducción de las personas a través de proyectos difíciles.

Nos agradaría recibir noticias suyas.
Por favor, envíe sus comentarios sobre este libro
a la dirección que aparece a continuación.
Muchas gracias.

Editorial Vida .com

Editorial Vida
7500 NW 25 Street, Suite # 239
Miami, Fl. 33122

Vida@zondervan.com
http://www.editorialvida.com